Rainer Eggebrecht · Vor uns die Zukunft

Dr. Rainer Eggebrecht ist Gründer und Leiter der »Akademie integrales Focusing« (aif) und des »Instituts für Gesprächs- und Focusingtherapie« (igf). Als Max-Planck-Stipendiat promovierte er über »Interkulturelle Kommunikation«. Seit zwanzig Jahren bildet er Trainer, Coaches und Therapeuten in Gesprächsführung und Wahrnehmungsschulung (Focusing) aus. An der Semmelweis-Universität Budapest lehrte er deutschsprachigen Studenten der Medizin moderne Psychotherapieverfahren und Focusing. Er beriet renommierte Unternehmen, darunter Bertelsmann (Mitbegründer des »100-Tage-Trainings für Führungskräfte«) und Ritter Sport. Mit diesem umfangreichen Erfahrungswissen hat Dr. Eggebrecht sein Ausbildungskonzept immer methodenoffener weiterentwickelt. Heute vertritt er eine kritisch-integrale Perspektive. Als offizieller Focusing-Koordinator für Deutschland leitet er Fortbildungen in integralem Denken und in Focusing, interkultureller Kommunikation, Achtsamkeitsschulung und Entscheidungsfindung.

2013 wurde der Autor in die Liste der »Top 100 Excellent Trainers« im deutschsprachigen Raum (Deutschland, Österreich, Schweiz) aufgenommen.

Buch-Veröffentlichung: Besser Umgehen mit Persönlichkeitstypen. Therapeutischer Knigge und Kompendium für Menschen in helfenden Berufen. Norderstedt 2005, Books on demand, ISBN: 3-8334-2307-2

CDs (zu bestellen beim Autor: info@focusing-igf.de):

1. Focusing – Entspannen und Wahrnehmen – Fantasiereise zur eigenen Mitte
2. Das Enneagramm – Dynamische Selbstwahrnehmung und Focusing. Eine Wahrnehmungsreise durch drei Grundenergien und neun Persönlichkeitstypen

Kontakt zum Autor: info@focusing-igf.de sowie info@integrales-focusing.com

Mobil: 0179 49 58 994, www.focusing-igf.de und www.integrales-focusing.com

Rainer Eggebrecht

Vor uns die Zukunft

Integrale Psychologie als Wegweiser für das 21. Jahrhundert

*In einer immer komplexer
werdenden Wirklichkeit
besteht die Herausforderung darin,
das große Ganze zu erfassen
und zugleich das Wesentliche
präzise wahrnehmen zu können.*

Satz und Layout: Buch&media GmbH, München
Umschlaggestaltung: Karl Weidenbacher, Agentur4, Augsburg
Titelbild: © abhijith3747 - Fotolia
Herstellung u. Verlag: BoD – Books on Demand
Printed in Germany
ISBN 978-3-7322-0849-4

Inhalt

Vorwort

Dieses Buch vermittelt Ihnen ein aktives und engagiertes »Handwerkszeug« für eine zukünftige Welt voller Möglichkeitsfelder und neuer Erfahrungsräume. Anhand zahlreicher Beispiele und lebensnah geschilderter Erkenntnisse werden Visionen für eine bessere Zukunft entwickelt, in der wissenschaftliche, psychologische und spirituelle Erkenntnisse integral zusammenwirken.

Ein Gefühl der Fremdheit vor dem Unbekannten und Vertrauen auf eine Zukunft, die in vielem anders sein wird, schließen sich nicht aus. Der Wechsel von einer Gesellschaft der egoistischen Ressourcenausnutzung zu einer weltweit vernetzten Gemeinschaft mit individueller Potenzialentfaltung und biosphärischer Verantwortung ist längst im Gange.

Um nicht nur der »guten alten Zeit« des 20. Jahrhunderts verklärend hinterher zu trauern, möchte ich an Augustinus erinnern, der schon 400 n. Chr. empfahl, die Vergangenheit akzeptierend anzunehmen (»confessio laudis« = lobende Einstellung), der Zukunft mit Vertrauen zu begegnen (»confessio fidei« = vertrauensvolle Haltung) – und wenn sich Vergangenes und Zukünftiges in der Gegenwart versöhnt die Hand reichen, dann können wir unser Leben bewusst und lebendig gestalten (»confessio vitae«).

Einleitung

In nahezu allen Lebensbereichen erleben wir gegenwärtig einen beschleunigten Wandel.

Der Satz Albert Einsteins

> »Die bedeutenden Probleme, denen wir heute gegenüberstehen, können nicht auf der Ebene des Denkens gelöst werden, die sie hervorgerufen hat«

weist deutlich darauf hin, dass wir ein neues, umfassendes und integrales Modell der menschlichen, kulturellen und sozialen Wirklichkeit benötigen.

Auch die Psychologie als Fachrichtung darf sich durchaus engagierter und mutiger zeigen, um in einer immer komplexer werdenden Wirklichkeit zeitnahe und kompetente Deutungsangebote zur Verfügung stellen.

Wissenschaftliche Erkenntnisse verschiedenster Fachdisziplinen liefern uns heute eine Daten- und Informationsfülle ohne Ende. Doch dieses theoretische Wissen erzeugt wenig positive Motivationen und kaum Begeisterung, um die Probleme der Zukunft aktiv und mit persönlichem Engagement anzugehen.

Dazu brauchen wir faire Informationsmöglichkeiten für eine breitere Öffentlichkeit – ohne wissenschaftstheoretischen Fachjargon: gute Rundfunk- und Fernsehbeiträge, Internet-Foren und Publikationen, Mut machende Beiträge und konkrete Visionen.

Der Satz von Martin Luther King »I have a dream ...« bewirkt immer noch mehr als hundert Fachartikel!

In diesem Buch finden Sie kreative Anregungen und motivierende Impulse sowie viele kleine Geschichten über das Leben. Sie erhalten konkrete Hilfestellungen aus dem Methodenkoffer unterschiedlicher Therapierichtungen. Und am Ende eines jeden Kapitels finden Sie zudem Wahrnehmungsübungen, die Ihnen dabei helfen, das neu Gelernte auf Ihre individuellen Themen persönlichkeitsnah anzuwenden.

Im ersten Kapitel lernen Sie die wahrnehmungspräzisierenden Schritte von »Focusing« kennen. In einem Selbsttest erweitern Sie im zweiten Kapitel spielerisch Ihre eigenen Bewusstseinsebenen.

Kapitel 6 (Kommunikation) führt Sie zu den spannenden und problematischen Bereichen des polaren Denkens und hilft Ihnen, Ihre »Schatten« (C.G. Jung) aufzuhellen. Diese »Schatten« können – auf hohem integralem Niveau – sogar in dünne »Schleier« transformiert werden, wodurch wir die komplexer werdende Welt als vernetztes Ganzes besser begreifen können.

Erkenntnisse des tibetischen Buchs »Vom Leben und Sterben« bestätigen, dass es sinnvoll ist, die Aufarbeitung verdrängter Schattenseiten (Hass, Wut, Neid) bereits zu Lebzeiten einzuüben – der Dalai Lama sagt dazu: »Was wir nach dem Tod mit uns nehmen, ist die Kraft der eigenen positiven Bewusstseinsformen.« Und: »Wenn wir gut zu sterben wünschen, müssen wir lernen, gut zu leben.«

Eine ungewöhnliche Märchendeutung (in Kapitel 7) lässt Sie die Kraft einer subjektiven Perspektiverweiterung konkret erfahren.

In Kapitel 8 werden Mut machende Beispiele von einzelnen Menschen und von Gruppen dargestellt, die ihre Visionen von einer besseren Zukunft bereits praxisnah umgesetzt haben.

Und im neunten Kapitel werden positive Anregungen gegeben, um vertrauensvoll in die Zukunft blicken zu können. Heute gibt es weltweit bereits über 10 Millionen private Initiativen – die größte Bewegung der Menschheit. Bewusstseinswandel geschieht überall, Zivilgesellschaften stürzen Diktatoren, fordern Gleichberechtigung. »Wir sind gleichzeitig Sterbebegleiter des Alten und Geburtshelfer von etwas Neuem.« (Joanna Macy)

Und nun wünsche ich Ihnen viel Erkenntnis- und Motivationsgewinn beim Lesen dieses Buches!

Kapitel 1: Kurze Darstellung des humanistischen (personzentrierten) Ansatzes

In einem berühmt gewordenen Diskurs aus den Fünfzigerjahren des letzten Jahrhunderts standen sich zwei Auffassungen vom Menschen unversöhnlich gegenüber: Skinner (der Begründer der Verhaltenstherapie) behauptete, dass der Mensch manipulierbar und damit »machbar« sei. Rogers (der Begründer der klientenzentrierten Therapie) hingegen sagte, der Mensch sei frei und autonom.

Der Spannungspol zwischen Freiheit und Notwendigkeit ist heute aus integraler Sicht kein wirklicher Gegensatz mehr. Denn statt zu fragen, welcher Ansatz richtig oder falsch ist, erkennen wir aus integraler Perspektive, dass jeder Ansatz wahr – aber nicht vollständig ist.

Nun können wir herausfinden, wie die Teilwahrheiten zusammenpassen und wie man sie integrieren kann, statt sich für eine zu entscheiden und die andere zu verwerfen. Wir kritisieren also nicht ihre Wahrheiten, sondern nur ihre Unvollständigkeit (Ken Wilber).

Lassen Sie uns mit dem Freiheits- und Autonomieaspekt beginnen. Im nächsten Kapitel werden wir uns dann mit der Machbarkeit des Menschen beschäftigen, indem wir die soziohistorischen und biografischen Bedingtheiten menschlicher Wahrnehmung erörtern.

Der Begründer der personzentrierten Therapie – Carl Rogers – betont, dass seelische Gesundheit eng mit einem Zustand der Kongruenz (Echtheit) verbunden ist. Wenn das Selbstkonzept nicht mit der Erfahrung von Wirklichkeit übereinstimmt (Rogers nennt dies »organismische Erfahrung«), führt dies zu Inkongruenz und Spannungen.

Die personzentrierte Therapie versucht in einem offenen und wertfreien Miteinander, die Grundhaltungen der Echtheit (Kongruenz), Einfühlung (Empathie) und Wertschätzung (Akzeptanz) in möglichst hohem Maße zu verwirklichen.

In den Sechzigerjahren des letzten Jahrhunderts erlebte die personzentrierte Therapie (auch klientenzentrierte oder humanistische Therapie genannt) einen Boom in Europa.

Zu Beginn wurde besonders die Nicht-Direktivität betont: Dabei unterließ man sämtliche direktiven, kontrollierenden, lenkenden und manipulativen Aktivitäten. In den Siebzigerjahren wurde Nicht-Direktivität dann abgemildert als Möglichkeit verstanden, auf die Wahrnehmungen des Klienten Einfluss zu nehmen, ohne deren Inhalt zu bewerten.

In den Achtzigerjahren entwickelte sich ein erfahrungsorientier Ansatz, der – besonders im Focusing – die Konzentration auf den Wahrnehmungsprozess verdichtet und erweitert.

Focusing – eine moderne Form der Wahrnehmungsschulung

Gendlin, Schüler von Rogers und sein Nachfolger am Lehrstuhl der University of Chicago, entwickelte Focusing (= »Brennpunkt«) als Möglichkeit, intuitiv erlebte, gefühlte Bedeutungen gezielt in einem ganzheitlichen Erlebensprozess zu unterstützen und zu fördern.

Wenn das Ich sein inneres Geschehen in Bezug auf ein gerade anstehendes Thema unmittelbar erlebt, können sich aus diesem zuerst meist vagen und diffusen Erleben Bedeutungen sprachlich, bildhaft oder körperlich mitteilen, die ein unmittelbares ganzheitliches Gefühl der Stimmigkeit auslösen. Man tritt dabei als sein eigener innerer Beobachter aus einer kleinen inneren Distanz in Beziehung zu der noch nicht »entfalteten« gefühlten Bedeutung und wartet geduldig, was in die Wahrnehmung kommt.

Kurz-Übung

Denken Sie an ein Musikstück, das Sie anrührt. In Focusing-Termini ausgedrückt spüren Sie zuerst einen noch undifferenzierten, vielleicht irgendwie wehmütigen Felt Sense (= gefühlte Bedeutung). Wenn Sie mit Ihrer Aufmerksamkeit offen dabei verweilen, werden mit der Zeit Erinnerungen, Gefühle oder Bilder auftauchen, so lange, bis Sie eine klare Befindlichkeit zu diesem Musikstück entwickelt haben.

Focusing fördert die offene Selbstwahrnehmung, deren Form und Richtung in hohem Maße vom Klienten selbst bestimmt wird. Schon Lao-Tse schrieb schon vor über 2500 Jahren:

> *Von einem guten Führer, der wenig darüber spricht, wenn seine Arbeit getan und sein Ziel erreicht ist, werden alle sagen: »Wir haben es selbst getan.«*

Focusing-Schritte im Überblick

Freiraum schaffen	Innerer Abstand zum Thema
Bezug nehmen	Felt Sense (gefühlte Bedeutung)
Entfalten	Felt Shift (gespürte Erleichterung)
Fragen stellen	vertiefen
Annehmen, schützen	integrieren

Zusammenfassung

Focusing ist eine ganzheitliche erlebensorientierte Wahrnehmungsschulung, welche die Autonomie und Freiheit eines jeden Individuums stark betont.

Focusing fördert die in jedem Menschen vorhandene Fähigkeit der Selbstaktualisierung. In schöpferischem Selbsterkunden werden Sprache, bildhaftes Erleben, Denken, Fühlen und Handeln im unmittelbaren Erleben aufeinander bezogen.

Dabei wird in achtsamer Weise Bezug genommen auf ein tiefes, auch körperlich spürbares Bedeutungsempfinden.

Focusing-Wahrnehmungsübung

1 Freiraum schaffen

Setzen Sie sich entspannt hin und lassen Sie fünf Atemzüge lang Ihren Körper lockerer und entspannter werden. Versuchen Sie, einen guten Abstand zu Ihrem inneren Erleben zu finden, indem Sie Belastendes erst einmal zur Seite stellen und sich so Raum geben, um auf folgendes Thema zu fokussieren: »Wenn ich an mein gegenwärtiges Leben denke, fühle ich mich dann glücklich und zufrieden?«

2 Bezug nehmen

Spüren Sie in Ihren Brust- und Bauchraum und nehmen Sie wahr, welche Antworten entstehen.
Diese sind zuerst oft diffus und vage. Verweilen Sie einfach dabei und warten Sie ab, was aus diesem vagen und undeutlichen Spüren als Nächstes deutlicher wird. Das, was Sie vielleicht etwas deutlicher wahrnehmen, behalten Sie zunächst im Auge, ohne sich genauer damit zu beschäftigen.

3 Entfalten

Allmählich werden Bilder, Gefühle, Gedanken oder Körperempfindungen deutlicher spürbar werden. Bleiben Sie dabei und verfolgen Sie neugierig, wohin und in welche Richtung Ihr Gefühl, Ihre Gedanken oder Ihr inneres Bild sich »entwickelt«.
Dann versuchen Sie, ein Wort, ein Bild oder auch einen Satz zu finden, der genau zu dem passt, wie Sie sich jetzt gerade wahrnehmen. Warten Sie geduldig, bis etwas wie von selbst aus Ihrem Inneren aufsteigt. Arbeiten Sie nicht mit dem Verstand und spüren Sie nach, ob das, was Sie jetzt vielleicht gefunden haben (das »Symbol«) wirklich passt oder ob noch andere Worte und Bilder entstehen möchten. Nehmen Sie sich Zeit und horchen Sie weiter in sich hinein.
Wenn das Wort, der Satz oder das Gefühl, das Sie gefunden haben, genau passt, werden Sie in Ihrer Körpermitte eine kleine Erleichterung verspüren, etwas frische Energie wahrnehmen, wie wenn Ihr Körper Ihnen sagt: »Ja, genau, das stimmt! – So geht's mir gerade.«

4 Fragen stellen

Wenn Sie Lust haben, noch weiter zu fokussieren, können Sie sich jetzt offene Fragen stellen.
Sie können sich zum Beispiel jetzt fragen:

- Was ist das Wichtigste, die Mitte meiner Empfindungen?
- Was bräuchte ich, um mich in meinem Leben besser zu fühlen?
- Wenn ich mir vorstelle, meine Themen / Probleme wären auf wundersame Weise gelöst, wäre ich dann glücklich und zufrieden?

5 Annehmen und schützen

Nehmen Sie Ihr gefundenes Ergebnis und die entstandene Veränderung in Ihrem Körpergefühl freundlich an. Atmen Sie ein paar Mal tief ein und aus und kehren Sie langsam wieder in die Alltagswirklichkeit zurück. Lassen Sie das Ganze noch nachklingen. Stellen Sie Versuche, alles sofort zu analysieren und zu begreifen, zunächst zur Seite. Ihre inneren Kritiker können sich später wieder melden. Jetzt dürfen Sie zunächst das, was Sie neu und tief und körperlich gespürt haben, in Ruhe nacherleben.

Beim Lesen der folgenden Kapitel dieses Buches empfehle ich Ihnen, zwischendurch immer wieder in einer Art »Mini-Focusing« kurz Ihr eigenes Befinden genauer wahrzunehmen.

Kurzübung

Wie lesen Sie gerade?

- Sind Sie gut in der Gegenwart und freuen sich, Neues zu erfahren?
- Oder lesen Sie leistungsorientiert – möglichst schnell, damit Sie wieder ein Buch fertig gelesen haben und wieder ein Stück gescheiter sind?
- Lesen Sie aus Ablenkung, um sich nicht mit dringend anstehenden anderen Themen beschäftigen zu müssen?
- Und – wie erleben Sie sich jetzt gerade im Moment, wenn Sie diese Fragen lesen?
- Welche diffusen Empfindungen nehmen Sie in sich wahr? Gefühle, Körperempfindungen, Gedanken, Bilder – oder eine vage, undeutliche Mischung aus alledem?

Sie sehen: Sogar Lesen ist subjektiv – und unsere Realität ist immer noch viel komplexer als alles in Gedanken und Sprache Ausgedrückte. Denn unsere Sprache besteht aus den sechsundzwanzig Buchstaben des Alphabets, und da hinein pressen wir die Wirklichkeit!

Die gegensätzlichen und unversöhnlichen Auffassungen von Rogers und Skinner sind heute relativiert und integriert in einen größeres systemisches Ganzes. Heute können wir sagen: Der Mensch ist frei und autonom (Rogers) *und* manipulierbar und machbar (Skinner).

Focusing betont die Freiheit und Autonomie des Menschen – *und* gesellschaftliche Faktoren und kulturell vorgegebene Sinndeutungen beeinflussen dabei unsere Wirklichkeitssicht.

Das im folgenden Kapitel dargestellte Entwicklungsmodell »Spiral Dynamics« wird Ihnen helfen, diese Bedingtheiten in sich selbst und in unserem kulturellen und sozialen Umfeld insgesamt besser zu begreifen.

Kapitel 2:
Individuelle Entwicklung, Kultur und Evolution

Leben heißt Entwicklung. Entwicklungsstufen prägen die Menschheitsgeschichte ebenso wie die individuelle Entwicklung jedes Einzelnen – vom Kleinkind bis zum alten Menschen. Die Psychologie der menschlichen Natur lässt sich als entfaltender Prozess verstehen, in dem schrittweise ältere Verhaltensmuster einfacher Ordnung in neue Systeme höherer Ordnung eingebunden und integriert werden.

Hilfreiche Modelle sollten einfach und verständlich sein und dabei einen hohen Erkenntniswert aufweisen – sie sind aber stets Vereinfachungen der Wirklichkeit. Entwicklungsdynamiken von Stufen sollten zudem immer auch aufeinander folgende grundlegende Bewegungsmuster aufzeigen. Spiral Dynamics (ursprünglich von Clare Graves in den Achtzigerjahren entwickelt) fasst verschiedene Evolutionsmodelle (Gebser, Piaget, Hegel) zu einem einheitlichen Modell zusammen und entwickelt dadurch klar unterscheidbare und aussagekräftige Bewusstseinsstufen. Beim jedem Erreichen einer neuen Stufe entstehen neue Wirklichkeitsdeutungen, die mit einer Zunahme an Komplexität verbunden sind.

Die alten Anschauungen existieren parallel zu den neuen Sichtweisen noch eine Weile weiter und werden – im Idealfall – in die neue Sichtweise »transzendiert und integriert« (Ken Wilber) – oftmals aber auch abgelehnt und als »veraltet« bekämpft.

Evolutionäre Stufenabfolgen gibt es in der Menschheitsgeschichte wie in jeder individuellen Persönlichkeitsentwicklung: Wenn ein Kind die wesentlichen Elemente der Muttersprache gelernt hat, verlieren die Muster der vorsprachlichen Kommunikation zunehmend ihre zentrale Bedeutung, obwohl sie nie ganz verschwinden.

Unsere tiefsten Impulse und Gefühle stammen aus der ältesten Erfahrungsschichte der Menschheit (Stammhirn) und färben in jedem von uns mehr oder weniger ausgeprägt in bestimmten Situationen unsere Verhaltensweisen (kollektives Unbewusstes, kulturelle Werte und Normen, familiensystemisch gebundene verdeckte »Schatten«). Bei größeren Verbänden und Gesellschaften erstreckt sich diese Entwicklung über wesentlich längere Zeiträume. Spätere Kulturniveaus setzen die früheren voraus, und alle Stufen müssen hintereinander durchlaufen werden.

Im Folgenden sehen Sie eine auf das Wesentliche konzentrierte Darstellung von sieben aufeinander folgenden Entwicklungsstufen – jeweils unterteilt in eine kulturhistorische und eine individuell-biografische Sichtweise.

Und ein dritter Aspekt beschreibt das Fortwirken der jeweiligen Bewusstseinsstufe im heutigen Erwachsenenleben.

Am Ende dieses Kapitels können Sie dann in einem kleinen Selbsttest Ihre unterschiedlichen Stufenniveaus anhand von 49 Fragen selbst testen.

Im Kapitel 3 werden wir uns dann den wichtigsten psychotherapeutischen Schulen zuwenden und ihre jeweilige kulturhistorisch bedingte Sichtweise kurz aufzeigen. Kapitel 4 würdigt kritisch das dargestellte entwicklungsdynamische Stufenmodell.

In Kapitel 5 bis 7 werden drei bedeutende Therapieansätze vorgestellt, die so erweitert werden, dass sie auf das gesamte Entwicklungsspektrum bis zur integralen Stufe angewendet werden können.

Doch nun zu den Entwicklungsstufen, die sich stark an »Spiral Dynamics« von Graves, Beck und Cowan orientieren – vor allem in der symbolischen Farbzuordnung der einzelnen Entwicklungsstufen. (In einigen Punkten habe ich die Aussagen von Spiral Dynamics vereinfacht und wieder mehr an Jean Gebsers Entwicklungsstufen angepasst.)

Keine Stufe ist besser als die anderen – bei der Weiterentwicklung von Stufe zu Stufe entstehen lediglich Neuanpassungen an neue, veränderte, differenziertere Problemlagen.

Die verwendeten Farbbezeichnungen stellen nur eine vereinfachende Symbolik dar. Farbpsychologische Deutungen kann man hierfür – wenn überhaupt – nur in »homöopathischer Dosis« anwenden: magisches »Purpur«, aktives »Orange«, himmlisches »Blau« und naturhaftes »Grün«. »Gelb« wirkt (nach Lüscher-Farbentest) leicht, strahlend und anregend und »Türkis« weist eine erfrischende Kühle und Abgeklärtheit auf.

Kurzdarstellung der Entwicklungsstufen

Die 1. Stufe – kulturell: Das Leben in Stämmen – ab 70.000 v. Chr. (mittleres Paläolithikum) (bei Spiral Dynamics: archaisch und magisch – *purpur*)

In den allerersten Menschheitsgruppen steht der Kampf ums Überleben an vorderster Stelle. Zur Sicherung und Festigung einer Gruppenstruktur entwickeln die Menschen dabei Rituale und soziale Regeln. Es existieren gute und böse magische Geister, die Segen, Verwünschungen und Zaubersprüche verteilen und die als Ahnen die Bindung innerhalb des Stammes festigen. Tradition ist wichtig, der Einzelne ordnet sich in die Gruppe ein. Ältere haben Vorrang vor den Jüngeren.

Die 1. Stufe – individuell: Die Entwicklung im ersten Lebensjahr

Das Kind wird in eine ethnische Gruppe (Familie) hineingeboren. In Geborgenheit und Vertrauen – noch ganz in der Symbiose mit den Bezugspersonen – entwickelt sich eine tiefe Lebensgrundhaltung, die schon unmittelbar nach der Geburt durch spiegelneuronale Vorgänge in eine interaktive soziale Lebenswelt eingebunden wird. Ab dem circa achten Monat entwickeln sich aus dem symbiotischen »Wir« ein immer klareres »Ich« und »Du« heraus.

Jetzt gewinnen magisch-animistische Objekte an Bedeutung: eine Schmusedecke, ein Lieblingskuscheltier und andere vertraute Dinge.

Wenn sich ein kleines Kind an einer Stuhlkante stößt, ist der Stuhl böse und die Mama schimpft den »bösen Stuhl« – zu Recht. Feste Rituale bekommen einen hohen Stellenwert im Tagesablauf. Und in den Gute-Nacht-Geschichten, in Märchen und Mythen verschwimmen die Grenzen zwischen Wirklichkeit und Fantasie auf dieser magischen Entwicklungsstufe immer noch sehr stark.

Die 1. Stufe im Erwachsenenleben (*purpur*)

Die Fähigkeit intuitiven ganzheitlichen Wahrnehmens ermöglicht es uns in bestimmten Lebenssituationen, alle fünf Sinne gleichzeitig hoch zu sensibilisieren: Plötzlich alleine im Dschungel – oder nachts im dunklen Wald – schärfen wir nach einiger Zeit den Gehör- und Geruchssinn, und in Gefahrensituationen können wir mit »Augen im Hinterkopf« intuitiv 360 Grad wahrnehmen.

Patienten haben nach Nahtoderfahrungen berichtet, dass sie das Operationsteam bei der Arbeit beobachtet hätten. Vielleicht ist diese Fähigkeit, außerhalb des eigenen Körpers zu sein – sich mit dem Blick von außen wahrzunehmen –, ein Teil unserer archaischen Überlebensfähigkeiten? Auch in der Erinnerung sehen wir uns oftmals von außen: Erinnern Sie sich an Ihr letztes Schwimmen oder Bootfahren? – Achtzig Prozent der Bevölkerung sehen sich in der Erinnerung bildlich von außen / oben, wie sie im See schwimmen oder Boot fahren (Murphy: »Der QuantenMensch«).

In Zeiten des Wandels und der zunehmenden Unsicherheiten gewinnen *purpurne* Rituale wieder stärker an Bedeutung: Magische Kräfte vermitteln uns ein Gefühl von Kontrolle, mit der unsichtbaren Welt des Übersinnlichen vertrauensvoll zusammenwirken zu können.

Altvertraute Rituale wie Hochzeiten, Taufen, Beerdigungen oder kirchliche Feste folgen einem traditionell festgelegten rituellen Regelwerk.

Purpurne Wurzeln in den Religionen finden wir mannigfach: in Reliquien, Ikonen, ritualisierten Gesängen, aber auch in der magischen Wirkung gesegneter Oblaten und in den Schilderungen übernatürlicher Fähigkeiten von Propheten, Gottessöhnen und Gurus.

So intensivieren viele Erwachsene auch heute noch ihre Intuition und Vorstellungskraft durch Sicherheit gebende Weltsichten vergangener magischer Zeiten.

Der Mystizismus von *Purpur* zeigt sich aber auch im Plastik-Jesus auf dem Armaturenbrett, im Bekreuzigen bei einem Unglück oder wenn Sie dreimal auf Holz klopfen. Auf Esoterikmessen kaufen moderne Großstädter tief-*purpurnes* Reliquiar für viel Geld, und nach einem chinesischen Abendessen und einem Glückskeks klopfen wir am Restaurantausgang oft dem Buddha auf den Bauch.

Die 2. Stufe – kulturell: emanzipatorisch-individualistisch – ab 7000 v. Chr.
(bei Spiral Dynamics: Machtgötter – *rot*)

Die frühen Jäger- und Sammler haben sich nun zu Ackerbau- und Viehzucht-Kulturen weiterentwickelt, in denen es möglich wurde, starre Traditionen immer mehr infrage zu stellen und Unabhängigkeit und individuelle Freiheit anzustreben. Magische Praktiken nehmen ab und der Götterhimmel füllt sich mit starken (mythischen) Helden: Zeus, Wotan und Jahwe kennen aber auch Rachsucht, Arroganz und Jähzorn. Der Götterhimmel wird jetzt ziemlich wagnerianisch – und männlich.

Mutige Individuen bezwingen Berggipfel und trotzen den Gefahren des Meeres. Erste überlieferte Eigennamen entstehen. Dieses individuelle und heroische Bewusstsein erlebt in der Antike einen fast explosionsartigen Durchbruch. Nun beschützen starke Feudalherrscher ihre Untergebenen im Austausch gegen Gehorsam und Arbeit.

Es geht um Macht und Ruhm, man erobert und beherrscht (Macchiavelli). Die gesamte Natur und andere Völker sind dazu da, um ausgebeutet und »kolonialisiert« zu werden: »Macht Euch die Erde untertan!« ist die alttestamentarische Erlaubnis dazu.

Die 2. Stufe – individuell: Die Entwicklung vom zweiten bis vierten Lebensjahr

Das Kleinkind beginnt, sich als eigenständige Persönlichkeit wahrzunehmen und versucht, seinen eigenen Willen durchzusetzen. Diese Trotzphasen sind manchmal impulsiv und wild, aber auch kreativ und ein normaler Teil der menschlichen Entwicklung.

Diese machtvolle Phase taucht nochmals während der hormonellen Verwirrung der Pubertät auf (die viele nie wirklich verlassen!). Beispiele für diese Stufe sind in Sagen und Mythen, in Comics und im allabendlichen Fernsehprogramm zahlreich zu finden. Hier wird das Männliche stark betont, während das Weiche, Weibliche (Yin) in den Schatten verbannt wird.

Die 2. Stufe im Erwachsenenleben *(rot)*

Mit gesunden Anteilen dieser Stufe lieben Menschen Spaß und schöpfen ihr Leben bis auf den Grund aus. Das Leben besteht aus Herausforderungen und heldenhaften Taten. Viele Sportarten sind hier beheimatet – in Videospielen, Abenteuerurlauben und festlich zelebrierten Boxkämpfen werden Mut und Gefahr glorifiziert.

Der »edle« Heldentod gilt mehr als ein alltägliches Durchschnittsleben. Eine solche stolze, kernige und selbstsichere Lebensweise gibt viel Kraft und Fantasie, und das »carpe diem« – nutze den Tag – erlaubt es einem starken individuellen Selbst, sein Leben in vollen Zügen zu genießen (»Dienst ist Dienst und Schnaps ist Schnaps!«).

Im problematischen, gestörten (Schatten-)Bereich dieser Stufe finden wir egomanische, gewissenlose Machtmenschen, denen es nur um den eigenen Vorteil geht (James-Bond-Bösewichte, aber auch diverse »Staatenlenker«, »Top«-Manager u. v. a.).

Die 3. Stufe – kulturell: bürokratisch hierarchisch – ab 3000 v. Chr.
(bei Spiral Dynamics: mythische Ordnung und konformistische Regeln – *blau*)

Der Expansionsdrang heldenhafter Taten stößt bei zunehmendem Bevölkerungswachstum und gesellschaftlicher Komplexität immer mehr an seine Grenzen. Neue Ordnungssysteme entstehen, Gewalt wird staatlich monopolisiert. In Staatsgebilden und Großreichen werden Verhaltensregeln definiert, die auf absolutistischen und unveränderlichen Prinzipien von »richtig« und »falsch« basieren.

Das Leben hat einen höheren Sinn, man tritt ein für das Wahre, Richtige und Gute, wobei man sich den Anordnungen einer wahren Autorität unterwirft. Pflichterfüllung, Treue, die Aufgabe weltlicher Freuden zugunsten einer höheren Berufung verschaffen nun eine neue Art von anhaltender Befriedigung und tiefer Zugehörigkeit.

Die 3. Stufe – individuell: Die Entwicklung: vom vierten bis sechsten Lebensahr

Das Kind entwickelt in dieser Phase zunehmend Verständnis für Regeln und Autoritäten.

Es ist das Stadium des tastenden Experimentierens: Das Kind unterscheidet gut und schlecht, gerecht und ungerecht und erwartet bei der Lösung seiner Probleme die Hilfe einer Autorität. Das Kind wird empfänglich für sinnvolle Gemeinschaftsaufgaben und erfährt sich als zugehörig zu einer größeren Gemeinschaft.

Die 3. Stufe im Erwachsenenleben (*blau*)

Das Leben hat Sinn, es gibt eine klare Ethik und tiefe Überzeugungen von richtig und falsch. Wer sich an die gemeinsamen Regeln hält, wird belohnt. Hierbei geht es um den Sinn im Leben, um Zusammengehörigkeit.

In »tief *blauen*« Unternehmen ist wenig Platz für Leichtfertigkeit, hingegen viel für feierliche Momente. Pflichterfüllung und Firmenzugehörigkeit werden belohnt.

Programme wie die zwölf Schritte der Anonymen Alkoholiker führen zu positivem *Blau*, da sie Menschen helfen, mit ihrer Abhängigkeit durch die Autorität einer »Höheren Macht« und durch starke Unterstützung durch die Gemeinde besser umzugehen.

Auch der frustrierte Teenie, der sich zwischen seinen Kopfhörern versteckt und der mit der Frage ringt: »Wozu das alles?« – sucht Lebenssinn und eine gerechte Sache, die ihm einen Sinn und eine Richtung im Leben gibt.

Nach Viktor Frankl leiden wir zunehmend an einer Sinnlosigkeits-Neurose. Burn-out, hohe Suizidraten, zunehmende Depressionen und diffuse Angststörungen zeigen überdeutlich, wie wichtig heute ein » Lebenssinn« für jeden Einzelnen ist.

4. Stufe – kulturell: materialistisch-erfolgsorientiert – ab 1700 n. Chr. (bei Spiral Dynamics: *orange*)

In der Renaissance werden die Prinzipien der Rationalität und Effektivität entwickelt.

Die Welt wird als ein Schachbrett verstanden, auf dem Spiele gespielt werden, bei denen die Gewinner Vorrang und Vergünstigungen gegenüber den Verlierern erhalten.

Die alte (*blaue*) Welt des Mittelalters war voller Sakramente, Formalitäten und starrer sozialer Strukturen. Deren Erfolg aber legte die Saat aus, die den Einzelnen mehr Freiheiten, Rechte und persönliche Unabhängigkeit ermöglichte.

Neu auftauchendes *Orange* bringt ein Gefühl persönlicher Stärke mit sich, und Wissenschaft, Medizin und Bildungswesen schaffen einen noch nie dagewesenen materiellen und geistigen Wohlstand für einen Großteil des entstehenden Bürgertums.

Die 4.Stufe – individuell: Die Entwicklung ab dem siebten Lebensjahr: materialistisch, individualistisch, erfolgsorientiert (*orange*)

Das Kind entwickelt ab dem circa siebten Lebensjahr ein realistisches Weltbild und trennt sich zunehmend von der magisch-mythischen Welt des Kleinkindes.

Es lernt Leistungsmotivation und das Konkurrenzprinzip. Im gesunden Bereich entwickeln Kinder eine personale Energie für einen eigenständigen Platz in der Welt und lernen Spielregeln für ein faires und kreatives sinnvolles Miteinander.

Überzogene (gestört-*orangefarbene*) Leistungserwartungen mancher Eltern und Schulen drängen die eigene Befindlichkeit und Wahrnehmungsfähigkeit von Kindern jedoch zugunsten eines überstarken Gewinnerdenkens oftmals so stark in den Hintergrund, dass Kinder- und Jugendsuizid in Deutschland derzeit die häufigste Todesursache in dieser Lebensphase ist.

Die 4. Stufe im Erwachsenenleben (*orange*)

In *Orange* gibt es viele Chancen und Wege, und die besten für sich kann und sollte man individuell herausfinden. Zwischenmenschliche Beziehungen sind in starkem *Orange* oft nicht sehr ausgeprägt. »Hilf dir selbst, dann hilft dir Gott« ist die Devise des Kapitalismus. Strategische Beziehungen werden aufrechterhalten – tiefe Beziehungen und menschliche Begegnungen finden kaum statt. Emotionale Äußerungen erfolgen kontrolliert – nach einem Sieg im Gerichtssaal ruft man alleine auf der Herrentoilette, mit einem Boxhieb in die Luft, schallend »Jaaa!«.

In *Orange* haben Menschen oft eine Abneigung gegenüber Sozialprogrammen, weil dabei »einfach nur Geld verteilt« wird und Menschen unterstützt werden, die »nichts dafür tun«. Statt Anspruchsberechtigung will man Arbeitsprogramme schaffen.

Die 5. Stufe – kulturell: persönlich – fürsorglich – human – ab ca.1850 – neu aktiviert und weiterentwickelt im 20. Jahrhundert ab ca. 1960 (bei Spiral Dynamics: *grün*)

Der Kapitalismus wird als System der Entfremdung zunehmend kritisiert, liebevolles Sorgen für die Erde und für das Leben bekommt einen neuen Stellenwert. In der Romantik wurden die Wurzeln der menschlichen Natur wiederentdeckt – ein Daseinsgefühl, das sich solidarisch mit allem Leben definiert. Doch das Pendel schlug – wie so oft – zu weit aus: Rousseau (»Der edle Wilde«) war – wie viele Romantiker – der Meinung, dass mitfühlende Menschlichkeit umso besser erhalten bliebe, je weniger der Einzelne mit der Zivilisation in Berührung käme: »Alles ist gut, wie es aus den Händen des Schöpfers kommt; alles entartet unter den Händen des Menschen.«

Wir werden zwar alle mit einer Veranlagung zum Mitgefühl geboren, aber es kann sich nur in fortwährendem Ringen um Differenzierung und Integration in die gesellschaftliche Wirklichkeit entwickeln. Für die Romantiker war der Feind des Seins das Haben – von Erich Fromm im 20. Jahrhundert aktuell wieder aufgegriffen.

Je mehr der Einzelne sich mit Besitz umgibt, umso mehr definiert er sich über ihn und verliert den Bezug zu seinem authentischen Sein, das verkümmert. Schon der (frühe) Karl Marx kritisierte die Entfremdung durch die Industrialisierung: »Alles, was dir der Ökonom an Leben nimmt und an Menschlichkeit, das alles ersetzt er dir in Geld und Reichtum.«

Im gesunden *Grün* geht es um ein Zentriertsein und Präsentsein in und mit dieser Welt.

Als Reaktion auf die Exzesse von »*orange*« wird versucht, eine Regulierung des unkontrollierten Wachstums und den Schutz bedrohter Arten zu fördern. Ökologie – die gegenseitige Verschränkung zwischen Pflanzen, Tieren, Menschen und dem Ökosystem Erde – bekommt einen hohen Stellenwert.

Die 5. Stufe – individuell: Reflexion des eigenen Wirkens – Pubertät bis Erwachsenenalter (bei Spiral Dynamics: *grün*)

In und nach der Pubertät entwickelt sich allmählich eine erste Erwachsenenidentität. Ein reiferes Ich-Bewusstsein beginnt sich auszuformen. Der Jugendliche löst sich zunehmend von den Erwartungen und Vorstellungen der Eltern und entwickelt eigenständig-kritische Weltsichten. Durch moderne Kommunikationstechniken und Reisen ins Ausland werden neue weltzentrische und zukunftsoffene Kompetenzen gefördert.

Die 5. Stufe im Erwachsenenleben (*grün*)

Neue Gruppenzusammenhänge entstehen. Soziales Miteinander wird im persönlichen Freundeskreis gelebt, wobei innere Fähigkeiten und Weltsichten zunehmend wichtiger als äußere Dinge werden: in gesundem *Grün* hat beides – Sein und Haben – seine Berechtigung.

Bei sehr stark *grünen* Gruppierungen findet man manchmal aber auch eine feine, ätherische Distanziertheit – wenn man mit anderen Anschauungen (z.B. Fleischessern, Autofahrern, Geschäftsleuten) konfrontiert wird. In dieser ungesunden Form von *Grün* blickt man auf jeden hinunter, der nicht die eigenen ätherisch-feinen Interessen und die eigene Fachsprache teilt.

Menschen mit gesundem *Grün*, die auch über ein gesundes *Blau* verfügen, sind hingegen liebevolle Personen, die ihre starken Glaubensüberzeugungen für eine gesunde Welt vertreten, zugleich aber auch vollständige und freie Meinungsäußerungen gewähren können.

Ein neues Werte-Bewusstsein entwickelt sich – ab ca. 1970

(Bei Spiral Dynamics: *gelb* und *türkis*)

Auf den ersten fünf Stufen wird die jeweilige Weltsicht als die einzig richtige oder beste Perspektive gesehen. In den Farbcodes von Spiral Dynamics lässt sich dieser Sachverhalt kurz und einprägsam in etwa so skizzieren: *blaue* Ordnung fühlt sich sehr unbehaglich bei *roter* Impulsivität und *orangefarbenem* Individualismus. *Orangefarbener* Individualismus denkt, dass *blaue* Ordnung etwas für »nützliche Idioten« ist und dass *grüner* Egalitarismus schwach und butterweich ist. *Grüner* Egalitarismus verträgt kein Elitedenken, ist empfindlich gegenüber Hierarchien und allem, was auch nur entfernt autoritär erscheint, und daher reagiert *Grün* stark auf *Blau, Orange,* aber auch auf alles Post-*Grüne.*

Ab der sechsten Stufe (*gelb*) kann zum ersten Mal das gesamte Spektrum der inneren Entwicklung anschaulich und lebendig erfasst werden. Menschen lernen, horizontal *und* vertikal zu denken – die Farben »vertragen« sich und werden als sich ergänzend und transzendierend erkannt. Jede Ebene ist in ihrer gesunden Ausprägung für die gesamte Entwicklung von Bedeutung. Menschen mit diesem Bewusstsein können sich – je nach Situation – auf allen Stufen kompetent verhalten.

Wieder in den »farbigen« Termini von Spiral Dynamics ausgedrückt:

In Notfallsituationen können integrale Menschen *rote* Kraftimpulse aktivieren; als Antwort auf Chaos müssen wir vielleicht auf die *blaue* Ordnung zurückgreifen; bei der Suche nach Arbeit benötigen wir unsere *orangefarbene* zielorientierte Leistungsfähigkeit; in Liebesbeziehungen und mit Freunden leben wir *grüne* Beziehungsfähigkeiten.

Die 6. Stufe – kulturell: Die integrativ-systemische Ebene ab ca. 1970

(Bei Spiral Dynamics *gelb*)

Beim Übergang von *Grün* nach *Gelb* erhalten Flexibilität, Spontaneität und Funktionalität einen hohen Stellenwert. Die Toleranz steigt, Paradoxa und Unsicherheiten werden besser akzeptiert. Es gibt nun viele Vorgehensweisen:

Die *blaue* Suche nach wahrem Sinn und Zweck im Leben, das *orangefarbene* Streben, hervorragend zu sein, das *rote* Bedürfnis nach Macht sowie der *purpurne* Drang, sich in einem geschützten Kreis zu versammeln. Wenige Ideen sind »heilig«, alle werden überprüft und verbessert. Jetzt kann man wahrnehmen, dass die einst zu ihrer Zeit erfolgreichen Lebensweisen der ersten Ordnungen (Stufen 1 bis 5) heute vieles gefährden.

Wir benötigen für die Zukunft neue soziale Prioritäten und Wege der Entscheidungsfindung. Dazu gehört, dass wir unterschiedliche Wertesysteme anerkennen und bei Störungen effektiv handeln: Wenn *Purpur* krank ist, muss es gesund gemacht werden. Wenn *Rot* Amok läuft, muss die rohe Kraft kanalisiert werden. Wenn *Blau* säuerlich wird und sich aufs Strafen verlegt, muss es reformiert werden.

Es geht um das personalisierte Überleben im globalen Dorf und um koexistierende Wirklichkeiten.

Die 6.Stufe – individuell: Die Entwicklung im Erwachsenenalter: systemisch-integrativ, weltzentrisch (bei Spiral Dynamics: *gelb*)

Mit dem Eintritt ins Erwachsenenalter wächst das Verständnis für diese globalen Zusammenhänge. Ein Mensch in diesem Entwicklungsstadium hat die Fähigkeit, sich auf allen Stufen kompetent zu verhalten, wenn die Lebensumstände dies erfordern.

Lebenslanges Lernen und Experimentieren sind nun Grundkompetenzen. Autorität wird kontextabhängig gesehen: Wer am besten ausgestattet und am fähigsten ist, erlangt für eine bestimmte Aufgabe Autorität – unabhängig von Rang, Beschäftigungsdauer oder selbst von Gefühlen.

Moderne Kommunikationstechniken vernetzen unterschiedliche Wirklichkeitsbereiche immer stärker und systemisches Denken ersetzt zunehmend ein rein wissenschaftliches Fortschrittsdenken. Ein neues Verantwortungsbewusstsein und Engagement für die gesamte Biosphäre erwachen.

Die 7. Stufe – kulturell: Die integral – holistische Ebene ab circa 1990 – (bei Spiral Dynamics: *türkis*)

Da die Welt aus miteinander verknüpften Ursachen und Folgen besteht – aus interagierenden Energiefeldern und Kommunikationsebenen, welche die meisten von uns noch zu entdecken haben –, brauchen wir tiefere geistige und spirituelle Fähigkeiten, um damit eine größere Bandbreite neuer Möglichkeiten zu eröffnen. Wir werden in Zukunft über ein weiter gespanntes Denken und ein größeres Repertoire an Verhaltensmöglichkeiten verfügen und werden durch Gläser mit höherer Tiefenschärfe schauen.

In *Purpur* versuchte man, die Geister zu besänftigen, jene Wesen, die Glück und Unglück bringen. Man hoffte, einst in »glücklichen Jagdgründen« zu ihnen zu stoßen. In *Blau* wird Spiritualität durch Glaubensvorstellungen und Wahrheiten definiert, die einen Verhaltenskodex vorschreiben. In *Grün* befindet sich die befreiende Kraft letztendlich in jedem Menschen, die sich am besten mit anderen in achtsam-humanistischem Zusammenhang erforschen und entwickeln lässt. In *Gelb* versucht man, Menschen, Funktionen und Knotenpunkte in Netzwerke und Ebenen einzubinden, und in *Türkis* spürt man die Energiefelder, die all dies natürlicherweise einhüllen, umfließen und durchströmen. Nun steht man ehrfurchtsvoll vor der kosmischen Ordnung, den schöpferischen Kräften, die vom Urknall bis zu den kleinsten Molekülen existieren.

Das Erwachen des integralen Denkens stellt komplexe und weit reichende Herausforderungen an uns. Ganzheitliches Handeln über Gemeinschaftsgrenzen hinweg wird erforderlich sein, um genügend menschliche Energie zu sammeln, um integrale Lösungen zu finden. Die derzeitige Quantenphysik würde dies als eine holistische Feldtheorie beschreiben und folgern, dass das Verhalten jedes einzelnen Elements in einem Universum unmittelbar auf alle anderen wirkt.

Zusammenfassung und Ausblick

Die Systeme verschiedener Weltsichten sind von fließenden Übergängen gekennzeichnet, mit vielen Mischformen statt reinen Typen. Wenn wir die Entwicklung als Ganzes sehen, können wir erkennen, dass jede Stufe im Laufe ihrer Entwicklung ihre eigene Form von Orthodoxie entwickelt. Dies zeigt sich in dem, was auf jeder Stufe als wahr angesehen wird: Auf der Stufe des Kriegerbewusstseins (*rot*) bezieht sich der Wert der Wahrheit auf die Verteilung der Macht – wahr ist, was mächtig ist. (Dem entspricht Machiavellis Machtdefinition.) Für das traditionelle Bewusstsein (*blau*) wird Wahrheit durch die Heiligen Schriften der jeweiligen Tradition definiert. Modernes Bewusstsein (*orange*) definiert Wahrheit durch materiell beweisbare wissenschaftliche Tatsachen. Die Wahrheit für das postmoderne Bewusstsein (*grün*) hängt von der Verwirklichung unserer humanen Empathiefähigkeit für alles Lebendige ab. Integrales Bewusstsein (*gelb*) sieht

Wahrheit mehr und mehr als vernetzte Integration und Harmonisierung von Wissenschaft und Spiritualität.

Jeremy Rifkin (»Die empathische Zivilisation«) weist darauf hin, dass die Mehrheit der Weltbevölkerung derzeit noch nicht einmal die moderne (*orange*) Stufe erreicht hat und deshalb auch die Werte eines postmodernen Bewusstseins noch gar nicht annehmen kann.

Der nächste Schritt für die Mehrheit der Weltbevölkerung liegt im Übergang zum traditionellen oder modernen Bewusstsein. Wir müssen daher Lösungsansätze finden, die nicht voraussetzen, dass die ganze Welt durch eine mehr oder weniger erzwungene »Transformation« (durch westliche Staaten) plötzlich postmodern zu sein hat.

Individuelle Entwicklung, Kultur und Evolution (Zusammenfassung)

Evolutionäre Stufenabfolgen gibt es in der Entwicklungsgeschichte der Menschheit wie in jeder individuellen Persönlichkeitsentwicklung.

Lebendig sein heißt immerwährende Ausdifferenzierung und Weiterentwicklung.

Angelehnt an das Entwicklungsmodell von »Spiral Dynamics« wurden sieben Entwicklungsstufen dargestellt.

Der folgende Selbsteinschätzungstest zeigt Ihnen Ihre gegenwärtigen energetischen Farbschattierungen auf.

Selbsteinschätzungs-Fragebogen: Welche Stufen sind in Ihrem Leben derzeit aktiv?

In verschiedenen Lebensbereichen finden wir uns manchmal auf sehr unterschiedlichen Entwicklungsniveaus wieder. C' est la vie! Wir sollten uns dabei jedoch der Subjektivität dieser Verhaltensweisen bewusst sein, damit wir keinem »Stufenabsolutismus« verfallen.

Vielleicht verhalten Sie sich im Geschäftsleben sehr erfolgreich »*orange*«, in Ehe und Familie sind Ihnen Beständigkeit, Ehrlichkeit und Treue sehr wichtig (*blau*), bei der Begegnung mit einer schwarzen Katze am Freitag dem 13. meiden Sie gewisse Handlungen (*purpur*), und beim erzwungenen Langsamfahren hinter einem »Schleicher« auf der Landstraße können Sie heftige »*rote*« Aggressionsfantasien entwickeln?

Sie leben umweltbewusst »*grün*«, kaufen ökologisch fair gehandelte regionale Produkte im Bioladen und interessieren / engagieren sich im Rahmen Ihrer Möglichkeiten für »Ärzte ohne Grenzen« oder für Flüchtlingscamps in Afrika? Und im Gespräch mit klugen Freunden diskutieren Sie manchmal wertfrei »*gelbe*« Verbesserungsvorschläge für die komplexe Weltlage? Dann können Sie sich schon ganz gut und flexibel auf allen Stufen der Entwicklung (*gelb*) bewegen!

Wenn Sie Ihre Farbschattierungen genauer kennenlernen möchten, dann nehmen Sie sich bitte 15 Minuten Zeit für die Ausfüllung und Auswertung des folgenden Selbsttests:

TEST: Auf welcher Stufe leben Sie momentan schwerpunktmäßig?

Lesen Sie die folgenden 49 Aussagen durch. Kreuzen Sie spontan an, wie sehr Sie der Aussage zustimmen: 0 = gar nicht 1 = ein wenig 2 = viel 3 = total

Anschließend tragen Sie Ihre Antworten in die Auswertungstabelle ein. Dazu brauchen Sie ein wenig Geduld – aber es lohnt sich!

1. Ich betrachte die Dinge als klar in richtig und falsch – oder psychologisch in stimmig und unstimmig unterteilt	0	1	2	3
2. Die meisten Menschen sind sehr wohl in der Lage, ihre Ziele klar zu verfolgen und sich selbst zu kontrollieren.	0	1	2	3
3. Wirklicher Frieden zwischen Menschen und Völkern fängt im alltäglichen liebevollen Umgang miteinander an.	0	1	2	3
4. Gemeinschaften brauchen Rituale, die ihnen ein verbindliches Miteinander ermöglichen.	0	1	2	3
5. Fragwürdige Autoritäten kann ich nicht leicht tolerieren – sie fordern meinen Widerspruch heraus.	0	1	2	3
6. Alle Materie ist vom Geist durchdrungen. Religion und Naturwissenschaften stellen für mich keine Gegensätze mehr dar.	0	1	2	3
7. Ich schätze Glücksbringer und magische Steine.	0	1	2	3
8. Mir fällt es leicht, anzuerkennen, dass alle Standpunkte eine gewisse Gültigkeit haben.	0	1	2	3

9. Eine Gesellschaft kann nicht glücklich werden, solange es auf der Welt so viele Benachteiligte und Ausgegrenzte gibt.	0	1	2	3
10. Ich würde meine Ideale niemals verraten, nur, um beruflich weiterzukommen. Der Zweck heiligt nicht die Mittel.	0	1	2	3
11. Ich neige dazu, andere durch kluge und scharfe Fragen manchmal aggressiv herauszufordern.	0	1	2	3
12. Ich mag ein dynamisches Umfeld, in dem fairer Wettkampf herrscht und Leistung belohnt wird.	0	1	2	3
13. Fragen öffnen Perspektiven und neue Räume. Antworten sind immer begrenzt, vorläufig und zeitbedingt.	0	1	2	3
14. Auf Kraftplätzen kann ich spüren, wie viel rituelle Energie dort vorhanden ist.	0	1	2	3
15. Manchmal habe ich das Bedürfnis, denen, die mir nahestehen, zu sagen, was mit ihnen nicht stimmt.	0	1	2	3
16. Ich brauche Menschen um mich herum, die ehrlich und verlässlich sind.	0	1	2	3
17. In jedem Aspekt oder Element des Universums steckt ein Stück Bewusstsein. Alles ist in einem kosmischen Netz verwoben.	0	1	2	3
18. Wirkungsvolle Menschenführung besteht darin, dass man Leute dazu bringt, Optimales zu leisten, statt immer nur auf das eigene Wohlergehen zu schauen.	0	1	2	3
19. Meines Erachtens wäre der Gesellschaft damit gedient, wenn die bestehenden Gesetze strenger angewendet würden.	0	1	2	3
20. Ich mag Computerspiele, bei denen ich – wenn ich gut bin – als Held gewinnen kann.	0	1	2	3
21. Ich bin anderen Menschen gegenüber sehr sensibel und empfindsam – manchmal bezeichnen mich andere wohlwollend als »Gedankenleser«.	0	1	2	3
22. Ich kann in schwierigen Situationen oftmals einen inneren Freiraum herstellen, indem ich meine Probleme im Verhältnis zu den wirklichen Problemen des Lebens relativiere.	0	1	2	3
23. Das Einkommen eines Mitarbeiters sollte sich an seinem Engagement ausrichten.	0	1	2	3

24. Ich empfinde mich als Weltbürger und habe eine tiefe Liebe für die Menschen und die gesamte Biosphäre.	0	1	2	3
25. Menschen, die übertrieben unterwürfig sind und beim geringsten Druck nachgeben, regen mich auf.	0	1	2	3
26. Meiner Familie gegenüber fühle ich mich stark verbunden und empfinde ein starkes Pflichtgefühl.	0	1	2	3
27. Ich erlebe mich als offen und flexibel und beurteile selten, falls überhaupt, die Fragen des Lebens eindeutig mit »richtig« oder »falsch«.	0	1	2	3
28. In persönlichen Krisensituationen suche ich Hilfe und Verständnis bei guten Freunden und/oder bei einfühlsamen Therapeuten.	0	1	2	3
29. Menschen, die ständig Hilfe fordern oder immer versuchen, etwas umsonst zu bekommen, kritisiere ich im Stillen innerlich dafür, keine wirkliche Verantwortung für ihr Leben zu übernehmen.	0	1	2	3
30. Ich kann längerfristig und in größeren Zusammenhängen denken. Bei Entscheidungen im Alltag bin ich flexibel und unideologisch.	0	1	2	3
31. Ich fühle mich manchmal mit dem Göttlichen/All-Einen so verbunden, dass ich mich über alle Weltanschauungen und Glaubensfragen hinweg tief als Teil der Menschheitsseele empfinden kann.	0	1	2	3
32. Ich fahre gerne schnell mit dem Auto, wenn die Straßenverhältnisse dies zulassen.	0	1	2	3
33. Wenn Menschen bestimmte Rituale praktizieren – eine Statue an einer bestimmten Stelle berühren oder Kerzen für einen Wunsch stiften –, dann kann ich mich anschließen. Vielleicht bringt das ja Glück?	0	1	2	3
34. Heute lassen sich viel zu viele Menschen durch andere herumschubsen.	0	1	2	3
35. In Krisen kann ich in die eigene Seele eintauchen und erlebe dabei immer wieder die Kraft einer universellen Energie, die mich mein Schicksal relativieren lässt.	0	1	2	3

36. Ich halte mich prinzipiell an Gesetze, auch im Kleinen: auch nachts warte ich an einer roten Ampel, auch wenn weit und breit kein Auto kommt. Ich schummle auch nicht bei der Steuer.	0	1	2	3
37. Eventuell einmal zu einer Wahrsagerin oder zu einem Hellseher zu gehen – so ganz schließe ich das nicht aus.	0	1	2	3
38. Gesetze sind wichtig, um die Menschen in Schach zu halten.	0	1	2	3
39. Ich kombiniere und vernetze gerne Ideen auf eine neue, interessante Weise.	0	1	2	3
40. Ich bin auf lebenslanges Lernen eingestellt und sehe mein Leben als immerwährenden Bewusstseins-Veränderungsprozess.	0	1	2	3
41. Wissenschaft und Gesellschaft haben das Potenzial, für Fortschritt zu sorgen und die Zukunft effektiv zu gestalten.	0	1	2	3
42. Erfahrungen sind nützlich, aber meistens muss man die Erfahrung an neue Tatsachen und Informationen anpassen.	0	1	2	3
43. Erfolg im Leben stellt sich nur durch harte, konsequente Arbeit ein.	0	1	2	3
44. Wenn ich das Bedürfnis habe, zu weinen, dann schäme ich mich meiner Tränen nicht, auch nicht im Beisein anderer.	0	1	2	3
45. An Familienaufstellungen fasziniert mich, dass verborgene Geheimnisse und gebundene Energien einer Herkunftsfamilie auf fast magische Art und Weise erfahren werden können.	0	1	2	3
46. Die Wirklichkeit ist noch viel offener als jede quantenphysikalische Erklärung. Sie ist ein unendlich offener Möglichkeitsraum. Grenzen werden nur durch unsere Gedanken, Gefühle, Worte oder Taten erzeugt.	0	1	2	3
47. Ich fühle mich stark verbunden mit allen Menschen, auch mit denen anderer Kulturen und Religionen.	0	1	2	3
48. Als »Kind meiner Ahnenreihe« spüre ich manchmal, wie die Seelen meiner Vorfahren in einer geheimnisvollen Weise in mir fortwirken.	0	1	2	3
49. Ich halte jene Berufe für die wertvollsten, in denen Menschen geholfen wird.	0	1	2	3

Auswertung

Schreiben Sie in der folgenden Tabelle Ihr Ergebnis neben die Nummer der jeweiligen Frage, also 0, 1, 2 oder 3.

Zum Schluss zählen Sie die von Ihnen eingetragenen Zahlen in jeder Spalte zusammen und schreiben die jeweilige Summe in die leere letzte Zeile.

Damit erhalten Sie für jede der sieben Farben einen Zahlenwert.

Wo der Wert am höchsten ist, da ist Ihr Bewusstsein derzeit energetisch am stärksten ausgeprägt. Die zweit- und dritthöchste Zahl weist Sie darauf hin, wie Ihr Bewusstsein noch oder schon ist.

Purpur	*Rot*	*Blau*	*Orange*	*Grün*	*Gelb*	*Türkis*
4	5	1	2	3	8	6
7	11	10	12	9	22	13
14	15	16	18	21	27	17
33	20	19	23	28	30	24
37	25	26	29	44	39	31
45	32	36	41	47	40	35
48	34	38	43	49	42	46

Dieser Test gibt Ihnen – spielerisch – eine erste Orientierung über Ihre derzeitige Persönlichkeitsstruktur. Sie sollten im gesunden Bereich von allen Farben etwas haben.

Wichtig ist, dass Sie die Wahrnehmungs- und Verstehensmöglichkeiten jeder Stufe als Bewältigungshilfe für das Zurechtkommen in einer sich immer rascher verändernden Welt kreativ nutzen.

Kapitel 3: **Psychotherapeutische Schulen aus der Sicht von Spiral Dynamics**

Psychische Störungen sind immer auch Entwicklungsstörungen. Hauptaufgabe von Therapeuten ist es, Klienten bei der Differenzierung und Schatten-Aufarbeitung ihrer jeweiligen Farbstufen zu helfen, um damit einen neuen Entwicklungsschritt zur nächsten Seinsebene zu ermöglichen (gestörtes *Blau* muss erst in gesundes *Blau* transformiert werden, bevor es sich zu *Orange* weiterentwickeln kann). Eine solche Gesundung der inneren Anteile führt zu einer Zunahme an Kongruenz und schafft damit die Voraussetzungen für eine Weiterentwicklung auf eine höhere Entwicklungsebene.

Wenn man die kulturhistorische Entstehungsgeschichte psychotherapeutischer Schulen auf der Zeitachse betrachtet, dann spiegeln sich auch dort die jeweiligen Entwicklungsebenen und kulturbedingten Wirklichkeitsdeutungen wider:

So entstand die Psychoanalyse als quasi-wissenschaftliche Methode mit mythischen purpurnen Elementen (Dämonisierung des Unbewussten) an der Schwelle von *Blau* zu *Orange*, die klassische Verhaltenstherapie zeigt sich als radikaler Ausdruck des rational-naturwissenschaftlichen Weltbildes in *Orange*, die humanistischen Psychologien entstanden im Übergang von *Orange* zu *Grün*, Focusing als Weiterentwicklung davon bewegt sich von *Grün* zu *Gelb* und die systemischen Therapien verkörpern *Gelb* mit starken *orangefarbenen* Anteilen und mit *Purpur* (in Aufstellungen). Transpersonale Therapie bewegt sich in *Gelb* mit reifem, individualistischem *Grün*.

Im folgenden Kapitel werden entwicklungsdynamische Stufen- und Farbzuordnungen von psychologischen Schulen in ihren jeweiligen Stärken angemessen gewürdigt und in ihren stufenbedingten Einseitigkeiten fair kritisiert (*Gelb*), um den nächsten Schritt für holistische, integrale und ganzheitliche Sichtweise (*Türkis*) vorzubereiten.

Kapitel 4:
Kritische Würdigung entwicklungsdynamischer Stufen- und Farbzuordnungen

Aus der Sicht von Spiral Dynamics spiegeln sich auf der jeweiligen Stufe der Entwicklung auch kulturbedingte Wirklichkeitsdeutungen wider. Man würdigt also auf integral-*gelbem* Niveau die Stufen-Eigenart jeder anderen Entwicklungsstufe und kann bei Bedarf angemessen mit ihr kommunizieren. Damit wird jedoch noch immer implizit ein verdeckter Stufen-Absolutismus postuliert: Zwar würdigt man jetzt alle Farbschattierungen in ihrem »So-Sein«, *Blau* bleibt aber immer noch *Blau*, und *Orange* bleibt *Orange*.

Erinnern Sie sich noch an die eingangs erwähnten Bedingungen für Modelle? Jedes Modell sollte einfach und klar sein und einen hohen Erkenntniswert besitzen – aber es ist nie die Wirklichkeit! Ab einer gewissen Komplexität neigt jedes Modell dazu, seinen eigenen innerlogischen Sachzwängen zu unterliegen (Thomas Kuhn, der Begründer der Paradigmen-Forschung, nennt dies »komplexe Erstarrung«).

Auch die anfangs hilfreichen symbolischen Farbzuordnungen werden immer ungenauer, je differenzierter das Modell wird. So kann es beim Erreichen eines komplexen »*gelben*« Entwicklungsniveaus nur in einem allerersten logischen Schritt darum gehen, sich auf das Bewusstseins- und Farbniveau einer anderen Stufe verstehend zu begeben – denn in Wirklichkeit bleibt »*Blau*« nicht einfach »*Blau*«, wenn es mit komplexem Denken (*gelb*) in Kontakt kommt – es wird dabei »*gelb*« eingefärbt.

In dem Modell von Spiral Dynamics kann *keine* Stufe der Entwicklung übersprungen werden: »*Blau*« müsste also erst »*Orange*« und dann »*Grün*« werden, um zu »*Gelb*« vorzustoßen.

Ab diesem Punkt wird das Spiral-Dynamics-Modell für mich zu »innerlogisch«. Denn so wichtig es auch ist, die Entwicklungsdynamiken in Kulturen und Gesellschaften bewusst zu verstehen, so wichtig ist es auch, sich von den immer stärker durchdefinierten Stufen- und Farbzuordnungen wieder frei zu machen.

Der Quantenphysiker und alternative Nobelpreisträger Hans Peter Dürr meint hierzu:

> »Die Wirklichkeit ist noch unendlich komplexer als selbst jede Quantentheorie!«
> (Mündliche Mitteilung in einem Wilber-Arbeitskreis).

Auch der im Westen modern gewordene Buddhismus bereichert nicht nur unsere Sicht der Welt – unsere westlich-moderne Sichtweise bereichert auch den ursprünglichen östlichen Buddhismus. Hier trifft nicht einfach »*Blau*« auf »*Orange*« – hier entstehen hochkomplexe Farbmischungen mit völlig neuen Farbtönen.

Eine Rednerin auf einem integralen Weltkongress – promoviert und sechssprachig – erzählte in einer persönlichen Gesprächsrunde, dass ihre Großeltern quasi noch »in der Steinzeit« gelebt haben. Die Kongressrednerin gehört der dunkelhäutigen indischen Urbevölkerung an und hat in ihrem Leben – aus der Sicht von Spiral Dynamics – 70 000 Jahre Menschheitsentwicklung durchlebt: von *Purpur* bis *Gelb / Türkis*. Diese Frau hat damit ein viel größeres Bewusstsein als manche »*gelb*«-intellektuellen westlichen Wissenschaftler.

Wenn diese Frau bei Gewitterstimmung alleine durch den Wald geht, kann sie die Naturgewalten auf allen Spiral-Dynamics-Stufen konkret-sinnhaft erleben – sicher viel holistischer als die meisten westlich-intellektualisierten Wissenschaftler.

Der kritische Rationalismus von Spiral Dynamics und von Ken Wilber schenkt den Kulturwissenschaften, der Psychologie und der Spiritualität einen Erkenntnisrahmen und ein Verständnis darüber, wie menschliches Wissen ineinander verschränkt ist und sich in immer größerem Bezugsrahmen weiterentwickelt. Doch man sollte – bei aller Wertschätzung – auch kritisch bleiben:

Denn lebensweltliche Erfahrung kann sprachlich niemals vollständig mitgeteilt werden – erklärende Begriffe müssen also immer mit einem »als ob« versehen werden.

Durch die Art der Fragestellung hat man immer schon – wie in der Physik, in der die Beobachtung das Ergebnis beeinflusst – eine »falsche« Antwort.

Der alternative Nobelpreisträger Hans-Peter Dürr meint dazu (mündliche Mitteilung):

»Je exakter, umso mehr muss man isolieren«. Daher fordert er »Mut zur Unexaktheit«, denn die Welt ist unendlich viel offener als selbst die Quantenphysik: Mit jedem Gedanken wird das Universum größer.

Die kritisch-rationale Weltsicht ist wie Gedichte schreiben: Aus 26 Buchstaben des Alphabets nimmt man eine Anordnung, um Sätze zu machen, dann eine Anordnung, um Abhandlungen (oder Gedichte) zu machen. Man sagt ja auch nicht: 26 Buchstaben sind mir zu wenig, ich nehme neue dazu. Doch in der wirklichen Wirklichkeit gibt es nicht nur »Ja« und »Nein« – und 26 Buchstaben –, sondern unendlich viele Zwischenschritte. Mozart hatte zuerst eine Ahnung von einer Sonate im Kopf, die viele große Räume beinhaltete. Dann schrieb er sie auf. Und *erst dann* gelten kritisch-rationale Erkenntnisse und farblich-historische Stufenzuordnungen.

Damit sind wir tiefer beim Menschen angelangt, als Farbzuordnungen oder Wilber'sche Analysen es je ermöglichen.

Bereits seit Kant ist das menschliche Ich – das wahre Selbst oder transzendentale Ich – immer schon in Beziehung auf einen unbedingten Sinn (Logos) zu verstehen.

Auch Platon sieht die Teilhabe des Menschen am Göttlichen als Grundwert des menschlichen Individuums.

Daher entsprechen Stufen-Entwicklungsmodelle (seien es Stufen, Ebenen und Linien bei Wilber oder Spiral-Dynamics-Farbstufen) der grundsätzlichen Bezogenheit von Bewusstseins-Wirklichkeit immer nur zu einem gewissen Teil.

Die ausschließliche Anwendung von logisch-abstrakten Abstufungen (im Sinne einer russischen Puppe-in-Puppe-in-Puppe) ist für ein tieferes, nicht bloß räumliches Ganzheitsdenken nur im Sinne einer logischen Hilfskonstruktion zu verstehen.

Künstlerische Ausdrucksformen, Mystik und Transzendenz sind immer auch eigenständige, unersetzliche Ebenen des Menschseins und der Sinnerzeugung.

Ich (Selbsterleben), *Wir* (Kultur) und *Es* (Wissenschaft) stehen in der symbolischen Vermittlung von Wirklichkeit gleichwertig und konkurrenzlos nebeneinander, sind nicht aufeinander rückführbar und müssen immer wieder um einer integralen Humanität willen in einem politischen Sinne gesellschaftlich neu differenziert und integriert werden.

Der Freiheits- und Autonomieaspekt des Menschen und seine soziohistorischen und biografischen Bedingtheiten müssen letztendlich immer wieder zugunsten der »Conditio Humana« – des intellektuell nie ganz fassbaren Mysteriums unserer Existenz – in Demut und Bescheidenheit und in ein ehrfürchtiges Staunen vor der Schöpfung des gesamten Universums münden.

Nachdenklich-anregender Ausklang

Zum Ende dieses zuerst so »farbigen« und dann kritisch durchleuchteten Kapitels möchte ich Ihnen eine poetisch-spirituelle Anregung über das Wesen der Farben mitgeben (von Irina Tweedie: »Der Weg durchs Feuer«):

> »Licht besteht aus den sieben Spektralfarben des Prismas. Absorbiert ein Gegenstand eine bestimmte Farbe, reflektiert er diese nicht mehr. Hat er alle Farben absorbiert, nimmt man ihn als Schwarz wahr, was keine wirkliche Farbe ist. Ist eine Blume rot, heißt das, sie hat die rote Farbe abgewiesen, darauf verzichtet, alle übrigen jedoch aufgenommen. Und so ist es mit jeder Farbe – *blau, gelb, grün*. Und weiß heißt, dass alle Farben abgewiesen werden.
> *So haben Blumen ihre Schönheit der Entsagung zu verdanken.*«

Habe ich Sie nun genügend intellektuell verunsichert? Dann wissen Sie (auf hohem Niveau), dass Sie nichts wirklich wissen. *Das ist gut!*

In den folgenden drei Kapiteln werden die Potenziale dreier bedeutender therapeutischer Sichtweisen aufgezeigt: Die Schritte von Focusing (personzentrierte Therapie), das Werte-Rechteck (Kommunikationspsychologie) und das zirkuläre Fragen (systemische Therapie). Die jeweiligen kulturell bedingten Wertigkeiten werden dabei relativiert und in eine integrale Psychologie eingebunden.

Kapitel 5:

Focusing – vom vagen Gefühl zur klaren Empfindung

5.1 Focusing als körperorientierte Therapie – Kritik und Würdigung

Die grundlegenden Schritte von Focusing haben Sie im ersten Kapitel schon kennengelernt. Hier folgt nun eine kritische Würdigung der Stärken und (derzeitigen) Schwächen des herkömmlichen Focusing-Ansatzes.

> Da der Autor selbst über ein Vierteljahrhundert mit Leib und Seele Focusing-Therapeut ist, fällt die Kritik mancher Schwachstellen beim Focusing etwas deutlicher und direkter aus als bei den anderen vorgestellten Therapierichtungen – damit ja niemand sagen kann ...!

Focusing ist eine körperorientierte Therapiemethode, die wie alle in den frühen Siebzigerjahren entstandenen Körpertherapien (Bioenergetik, Rolfing, Cranio-Sacral-Therapie) vorwiegend den physisch-fühlenden Körper ins Zentrum der Aufmerksamkeit rückt (Weiser-Cornell: »Dein Körper weiß die Antwort«).

Die individuelle Eigenwahrnehmung wird stark gefördert, indem man undeutliche körperliche Resonanzen auf ein bestimmtes Thema deutlicher wahrnehmen lernt und »sich entfalten« lässt. Durch die Grundhaltungen von Empathie und Akzeptanz wird ein Selbstheilungsprozess gefördert, der letztendlich zu einer »voll entfalteten Persönlichkeit« (Carl Rogers: »fully functioning person«) führt. Kulturelle und entwicklungsgebundene Wirkfaktoren werden dabei jedoch wenig berücksichtigt. Zwei Beispiele zeigen, wie dadurch der Therapieprozess als Ganzes ins Stocken geraten kann:

> Wenn ein Widerstands- oder Freiheitskämpfer (je nach Sichtweise), der sich auf einer stammeskulturellen Entwicklungsstufe befindet, in fokussierender Wahrnehmung seine Persönlichkeit »voll entfaltet«, dann wird er seine Wut und Aggression auf seine Feinde, die ihn bedrohen, unmittelbar wahrnehmen und diese Emotionen körperlich und psychisch als guten und stimmigen »Felt Sense« (= gefühlte Bedeutung) und »Felt Shift« (= gespürte Erleichterung) erleben. Das Ziel dieses Kämpfers geht nämlich in Richtung sicherer familiärer Stammesbindung mit eigenen

ethnozentrisch-kulturellen Werten (»*blau*«). Solange ihm diese verwehrt bleiben, wird er mit machtvollen »*roten*« Aggressionen dafür kämpfen.

Ein weiteres Beispiel dafür, wie wichtig es ist, zu erkennen, dass subjektive Innenwahrnehmung in größere Zusammenhänge verwoben ist:

> In der Flüchtlings-Hilfsorganisation »Refugio« in München erhalten Flüchtlinge aus Afrika kostenlose therapeutische Hilfe. Unsere Trauma-Therapie-Techniken versagen hierbei oftmals, da afrikanische Klienten in Einzelsitzungen manchmal mit weit aufgerissenen Augen in die magischen »*purpurnen*« Welten ihrer Stammeskultur abtauchen, nicht mehr ansprechbar sind und in ihrer Landessprache mit Geistern und Urahnen stammelnd kommunizieren.
>
> Rational-westliche Diagnostik würde dies als »psychotischen Schub« bezeichnen – in Wirklichkeit taucht der afrikanische Klient jedoch in eine ihm Sicherheit gebende magische Welt ein, in der er Kraft und Unterstützung durch seine Ahnen erfährt. Unser europäisches therapeutisches Handwerkszeug funktioniert hierbei nicht sehr gut, denn nach unserem westlichen Persönlichkeitsverständnis müsste ein traumatisches Ereignis zuerst bewusst gemacht und dann in einer sicheren therapeutischen Atmosphäre Stück für Stück aufgearbeitet und integriert werden.
>
> In Afrika funktioniert Trauma-Heilung jedoch anders: In stundenlangen magischen Heilungsritualen »vergisst« ein Afrikaner seine Traumata – der Medizinmann / die Medizinfrau des Stammes löst sie rituell von seiner Person ab und übergibt sie an die Geister der Vorfahren. Ab da blickt man nur mehr nach vorne – das »Alte« ist endgültig vorbei.

Neben dem zu geringen Beachten fremder kultureller und sozialer Wirksamkeitsfaktoren birgt auch die Überbetonung des Körperlichen eine weitere reduktionistische Problematik: Wenn Erfahrungen der Einheit von Körper und Geist einzig auf subjektive körperliche Empfindungen reduziert werden, dann werden auch geistige, politische und soziale Wirklichkeitsdimensionen nur in subjektivierter Resonanz zugelassen.

> Beispiel: Bei einem internationalen Focusing-Treffen in Israel (Jerusalem, 2011) wollte ein palästinensischer Psychotherapeut die soziale und politische Lage seines Landes ansprechen.

> Die Therapeutin forderte ihn jedoch auf, nicht äußere Dinge zu bereden, sondern nach innen zu spüren und wahrzunehmen, wie es sich für ihn persönlich »anfühlt«.

Focusing sollte zwar durchaus zunächst bei Körper und Körperbewusstsein ansetzen, da die meisten westlichen Menschen tatsächlich den Kontakt zu ihren körperlichen Wurzeln verloren haben. Für eine ganzheitlich-integrale Persönlichkeitsentwicklung ist es jedoch notwendig, die Identifikation mit den Empfindungen des Körpers – sobald sie gut wahrgenommen werden können – zu transzendieren. Das wird jedoch schwierig, wenn der Therapeut aufgrund seiner Ausbildung ausschließlich bei subjektiven Körperempfindungen verweilt.

Präzises Wahrnehmen des physischen und fühlenden Körpers ist als »Erdgeschoss« einer integralen Focusing-Therapie durchaus von großer Bedeutung – *wenn* man dabei offen bleibt für die höheren Bewusstseinsstufen. Dann kann sich die stufengefärbte Körperwahrnehmung integrieren in neue, erweiterte Sichtweisen. Körperbewusstsein ist damit angesiedelt an der Schnittstelle zwischen subjektiver Körperwahrnehmung, geistiger Erkenntnis und kulturell bedingten Entwicklungsstufen, die ein integraler Focusing-Therapeut wertfrei und sensibel bei seinen Interventionen zu berücksichtigen hat.

Wenn die subjektive Körperwahrnehmung des traditionellen Focusing so relativiert werden kann, dass der Körper nur mehr *eine* von mehreren Wahrnehmungsmöglichkeiten darstellt, dann kann der ganze Reichtum wahrnehmungspräzisierender Focusing-Techniken auf jeder Stufe der persönlichen Entwicklung angewendet werden, ohne Gefahr zu laufen, persönlich-kulturell gefärbte Wertungen des Therapeuten unbewusst mit einfließen zu lassen.

Perspektiverweiterung der individuellen Sichtweise

Die Einseitigkeit einer rein subjektiven Sichtweise wurde schon in der Antike erkannt.

Platon postulierte die Notwendigkeit einer Dreiteilung in Bewusstsein, Kultur und Natur, um ein ideales menschliches Miteinander zu gewährleisten.

In der Kulturgeschichte des Abendlandes wurde diese Dreiteilung später als Kunst, Moral und Wissenschaft oder als das »Schöne, Wahre und Gute« bezeichnet.

Diese Werte haben in der Entwicklungsgeschichte des Einzelnen wie auch in der Entwicklungsdynamik der Menschheitsgeschichte immer eine wichtige Funktion besessen.

Weltanschauungen und die dazugehörigen Werte werden von der jeweiligen Weltsicht geformt, aus der heraus sie wahrgenommen werden. Diese Qualität wird immer universeller, je mehr sich die Gesellschaft und die Psyche jedes Einzelnen entwickeln (egozentrisch, soziozentrisch, weltzentrisch, universal).

Integrative und integrale Focusing-Therapie wird diese neuen / alten Impulse zeitgemäß und auf hohem systemischem Niveau erneut aufgreifen müssen, um in einer immer komplexer und störanfälliger werdenden Wirklichkeit kompetent und angemessen mit der gesamten lebendigen Biosphäre umzugehen.

Mit einem so geweiteten Blickwinkel kann es gelingen, die jeweilige Färbung individueller Sichtweisen in ihrer subjektiven Wertigkeit genau zu erkennen. Wahrnehmungsbezogene Techniken von Focusing sind hierfür hervorragend geeignet, da sie hinter die sprachlichen und kulturellen Bedeutungsgehalte zu unmittelbaren Wahrnehmungsprozessen vorstoßen – *wenn* wir offen und sehr achtsam die jeweiligen kulturellen, entwicklungsdynamischen und sozial beeinflussten Wahrnehmungsfärbungen eines Klienten wertfrei wahrnehmen.

Beispiele für Wahrnehmungsfragen – auf unterschiedliche Entwicklungsstufen des Klienten angewandt (in Klammern: die jeweilige Bewusstseinsstufe nach Spiral Dynamics in ihrer Farb-Symbolisierung):

> Was bräuchtest du, damit es dir besser geht? (*orange*)
>
> Wenn du zaubern könntest – was würdest du verändern? (*purpur*)
>
> Was würdest du dir als dein eigener bester Freund raten? – (*grün/gelb*)
>
> Wenn du in zwanzig Jahren an die heutige Situation zurückdenkst, kannst du sie dann in größere Zusammenhänge eingebunden sehen? (*gelb*)
>
> Magst du den folgenden Satz auf dich wirken lassen? Es gibt etwas, das dich trägt und das größer ist als du selbst – etwas, das allem zugrunde liegt. (*gelb/türkis*)

In der folgenden Grafik ist die innerlich-individuelle Wahrnehmung mit der kulturellen und wissenschaftlichen Perspektive verbunden – wobei die drei unterschiedlichen Ebenen der symbolischen Vermittlung von Wirklichkeit gleichwertig nebeneinander stehen. Sie sind nicht aufeinander rückführbar und müssen immer wieder um einer integralen Humanität willen in einem politischen Sinne durch Differenzierung gesellschaftlich integriert werden:

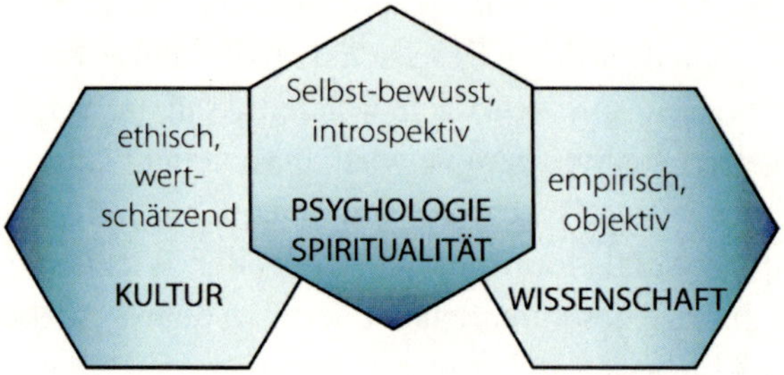

Integrative Focusing-Wahrnehmungsübung

Setzen Sie sich bequem hin und konzentrieren Sie sich auf Ihre Atmung, bis Sie einen angenehmen und beruhigenden Rhythmus finden.
Vielleicht möchten Sie noch einmal mit Ihrer Aufmerksamkeit vom Körper weg in den Raum gehen, um wahrzunehmen, welche Schwingungen um Sie herum sind – wie die Temperatur hier in diesem Raum ist – und was es alles zu hören gibt – denn alle Geräusche, die Sie wahrnehmen, können dazu beitragen, Sie näher an Ihre Entspannung zu bringen – Sie tiefer sinken zu lassen, in die Tiefe, die heute richtig für Sie ist.
Kehren Sie mit Ihrer Aufmerksamkeit wieder ganz zu sich zurück, zu Ihrem Atem, und nehmen Sie wahr, wie sich Ihre Bauchdecke beim Einatmen weitet – und wie sie beim Ausatmen einsinkt – ein ständiges Heben und Senken der Bauchdecke. Wenn Sie noch Verspannungen spüren, können Sie diese nun einfach mit ausatmen.

Das Thema dieser Focusing-Wahrnehmungsübung lautet Aggression.

Schenken Sie sich selbst einen Moment Aufmerksamkeit und spüren Sie in Ihre Körpermitte, in den Brust- und Bauchraum. Was spüren Sie in sich, wenn Sie an Aggression denken?

Sie müssen nichts Konkretes spüren – achten Sie einfach auf kleine, kaum merkliche Empfindungen in Ihrem »Felt Sense«. Vielleicht ein diffuses, vages Gefühl, eine Körperwahrnehmung, ein Bild …
Vielleicht denken Sie daran, dass auch Sie manchmal Aggressionen empfinden – wenn Sie hinter einem langsam fahrenden Autofahrer zunehmend ungeduldig werden …

Jetzt nehmen wir einen ethisch-kulturellen Aspekt dazu: Stellen Sie sich vor, wie Sie in der ersten Klasse Volksschule im Religionsunterricht den »lieben Gott« vermittelt bekamen – ein Mann mit Bart, gütig und gerecht – und mit den Zehn Geboten, die wir alle befolgen sollten.
Aus dieser Sichtweise – wie fühlen sich Krieg und Aggression nun an?

Jetzt nehmen wir noch den wissenschaftlich-äußeren Aspekt dazu:
Stellen Sie sich vor, Sie fliegen als Astronaut um die Erde und sehen den ganzen wunderschönen Globus: die Kontinente, blaues Meer, grüne Vegetation und vielleicht ein paar weiße Wolken.
Eine staunende, tiefe Liebe erfasst Sie bei diesem überwältigenden Anblick.
Und nun machen Sie sich bewusst: Eigentlich reicht die Nahrungsmittelproduktion für 10 Milliarden Menschen. Aber Sie wissen: In dem großen Afrika und in Asien verhungern Millionen, während in Amerika und Europa viel Geld für Fett-Absaugung ausgegeben wird.
Und es werden Abermilliarden Dollars und Euros in die Rüstung gesteckt – und überall auf dieser wunderschönen blauen Erde bringen sich die Menschen gegenseitig um … Was empfinden Sie dabei in Ihrem Inneren?

Jetzt kehren Sie wieder – mit Freiraum – in Ihre Körpermitte zurück.

Fragen Sie sich: Wenn ich das alles als Ganzes wahrnehme – wie ist mir dabei zumute?

Achten Sie darauf, welche Worte, inneren Bilder, Gefühle, körperlichen Empfindungen oder Impulse auftauchen, während Sie in Ihrer Mitte (dem »Felt Sense«) spürend verweilen.

Überschauen Sie das eben Erlebte noch einmal als Ganzes und fokussieren Sie noch einmal abschließend das Thema »Aggression«.

Was ist neu, anders geworden, welche Empfindungen sind nun deutlicher in Ihrem Bewusstsein?

Lassen Sie das Erlebte noch einige Minuten nachklingen.

Atmen Sie ein paarmal tief ein und aus und kommen Sie in Ihrem Tempo und auf Ihre Art wieder in die Alltags-Wahrnehmung zurück.

Menschliche Wahrnehmung ist ein tiefstes »Humanissimum« – also eine grundlegende Fähigkeit des Menschen –, die stufenunabhängig existiert (Orakel von Delphi: Mensch, erkenne dich selbst).

Im Folgenden möchte ich Ihnen die psychodynamische Entwicklung im Focusing am Beispiel des »Felt Sense« – der gefühlten Bedeutung – aufzeigen. Focusing ist ja eine sehr personzentrierte Therapieform – daher werden die Veränderungen in der persönlichen Wahrnehmungsfähigkeit des Einzelnen so dargestellt, wie sie sich in den verschiedenen Stufen der Bewusstseinsentwicklung auswirken (inspiriert durch Welwoods, vier Bewusstseinsebenen).
In den beigefügten Abbildungen finden Sie jeweils links oben eine – dem Zen-Buddhismus entlehnte – Metapher über die »Welle« und den »Ozean«.

5.2 Felt Senses und Entwicklungsstufen

5.2.1 Themenbezogener Felt Sense (*»orange«*)

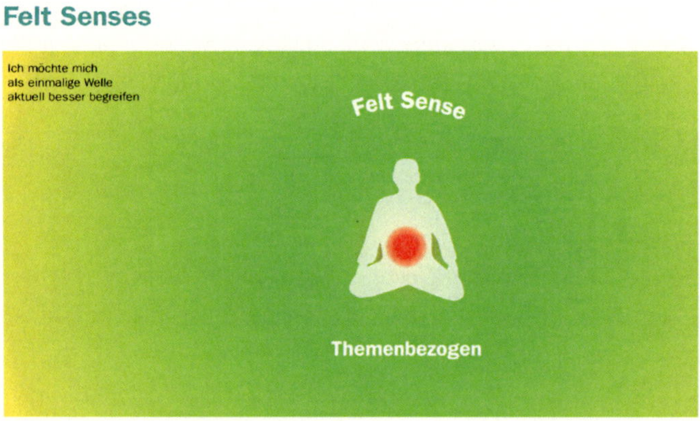

Focusing-Wahrnehmungstechniken ermöglichen es, intuitiv erlebte, gefühlte Bedeutungen gezielt zu fördern und zu unterstützen. Verweilt man bei seiner inneren Resonanz, die ein bestimmtes Thema hervorruft, dann kommt es zu einer direkten Erfahrung des »Felt Sense« (= gefühlter Sinn, gefühlte Bedeutung). Aus diesem zuerst meist vagen und diffusen Erleben können sich Bedeutungen sprachlich, bildhaft oder körperlich mitteilen, die ein unmittelbares ganzheitliches Gefühl der Stimmigkeit auslösen.

Dieses intuitive Erleben ermöglicht es, dass neue Worte, Bilder oder Gefühle auftauchen und diese als bedeutsam und stimmig erlebt werden.

Die besondere Qualität von Focusing liegt darin, dass man nicht nur über Gefühle redet und auch nicht einfach in den Gefühlen verweilt. Vielmehr tritt man als sein eigener innerer Beobachter aus einer kleinen inneren Distanz heraus in Beziehung zu der noch nicht entfalteten gefühlten Bedeutung und wartet geduldig, was aus dieser »vor-organisierten« Erfahrung energetisch in die Wahrnehmung kommt.

Auf der »*orangefarbenen*« Stufe geht es darum, ein noch nicht genügend bewältigtes Thema bewusster wahrzunehmen, um geeignete Lösungs- und Bewältigungsschritte herauszuarbeiten.

5.2.2 Persönlicher Felt Sense (»*grün*«)

Bei zunehmender Selbsterkenntnis führt die stärker gewordene Selbstwahrnehmung zu den tieferen Persönlichkeitsthemen – das Ich und sein Schatten rücken immer mehr in den Fokus der Aufmerksamkeit. In der Therapie finden jetzt immer stärkeres Verstehen und Umdenken zu mehr Authentizität und Echtheit statt. Man lernt, die eigenen Schattenbereiche bewusster und klarer wahrzunehmen.

Freiraum, Achtsamkeit und Akzeptanz werden in der Selbst- und Fremdwahrnehmung immer selbstverständlicher.

Man erkennt seine eigenen Dynamiken und emotionalen Persönlichkeitsanteile, lernt sie besser zu akzeptieren und in seine Persönlichkeit zu integrieren. Der Selbstwert ist stärker geworden, Selbstsicherheit und Kongruenz sind gewachsen.

Mitgefühl und Empathie werden stärker und beziehen immer mehr gesellschaftliche, globale ökologische und biosphärische Erkenntnisse mit ein.

Für die meisten Klienten (und auch Therapeuten) endet hier eine erfolgreiche Therapie.

5.2.3 Transpersonaler Felt Sense (*»gelb«*)

Felt Senses

Nun gerät die Einbettung in gesellschaftliche und sozio-kulturelle systemische Verflechtungen zunehmend in den Fokus der Aufmerksamkeit. Wenn man sich noch weiter und tiefer erforschen möchte, entsteht nun oftmals eine gewisse Stagnation – das Gefühl, dass es in der individuellen Innenschau nicht weitergeht, dass sich keine persönlichen Fortschritte mehr einstellen.

Bleibt man jedoch weiter offen fokussierend in seiner Mitte, wird sich die Frage nach dem Sinn des Lebens auf neue und tiefe Weise stellen. Dann kann das eigene Bewusstsein immer klarer und integral tiefer fokussiert werden.

Ein integrativ erfahrener Therapeut wird solche Erfahrungen einfühlsam-akzeptierend bestätigen. Denn diese Erfahrungen sind genauso stimmig wie die Tatsache, dass jeder Wassertropfen mit dem Wasser eins ist.

Man erfährt nun neue tiefere Einsichten und eine höhere Klarheit und Dichte im Erkennen größerer Zusammenhänge, die weit über bloße Worte hinausgehen. Diese integrative Ausweitung der Wahrnehmung verstärkt auch eine zunehmende Bewusstheit darüber, wie viele Menschen Tag für Tag unachtsam und rücksichtslos mit sich selbst, mit anderen und mit der gesamten Biosphäre umgehen.

5.2.4 Felt Sense des All-Einen (»*türkis*«)

Wenn innere Kraft, Klarheit und Fülle immer mehr zunehmen, dann wird man wach und achtsam in allen Lebenslagen. Meditative, oftmals atemberaubende Einheitserlebnisse werden zu spannenden Erfahrungen, denen aber – bei zunehmender Bewusstheit – immer weniger Bedeutung zukommt, da im tiefsten Inneren innere Klarheit beständig erfahren wird.

Der Verstand kann solche Erfahrungen nicht erklären, aber er kämpft jetzt auch nicht mehr dagegen an – und meldet sich erst wieder nach einer solchen Erfahrung mit manchmal »erschrockenem Staunen« zurück.

Bei diesem Entwicklungsschritt können aber auch psychische Probleme und Störungen auftreten – obwohl und gerade weil erste Ganzheitserfahrungen bewusst erlebt werden: eine überstarke Identifikation mit dem Einheitserlebnis (narzisstische Grandiosität), oder mit dem Leid der Menschen (bei Christen: die Märtyrer-Depression, Masochismus), eine Vernachlässigung alltäglicher Aufgaben (transpersonal bedingtes soziales Desinteresse) sowie psychosomatische oder depressive Erkrankungen.

Ein herkömmlicher Therapeut würde hierbei konventionell die klassischen Ich-Funktionen als einzig gültige anerkennen – was zu einer Nicht-Integration und Leugnung höherer Bewusstseinszustände führt. Wertvolle transpersonale Einheitserfahrungen blieben dann ungenutzt und würden als Neurose oder Manie diagnostiziert.

> Das entspricht der typischen Prä-Verwechslung (prä = »vor«) bei Ken Wilber – das bedeutet, dass hohe (trans-rationale) Bewusstseinszustände des feinstofflichen und spirituellen Bereichs als psychische Störung diagnostiziert werden. Trans-Verwechslung (trans = »nach«) bedeutet, dass psychotische (prä-rationale) Wahrnehmungsverzerrungen als »heilig« und »erleuchtet« fehlinterpretiert werden.

Manche Menschen suchen sich aber auch genau solche Therapeuten, die ihnen dabei helfen, das Spirituelle oder Transpersonale ihrer Erfahrungen zu leugnen.

Im *transpersonalen* Coaching können wir Klienten, die sich zunehmend auf einem »*gelben*« bis »*türkisfarben*en« Bewusstseinsniveau befinden und die in der Regel keine Therapie mehr benötigen, unterstützend motivieren, sinnvolle Projekte und Tätigkeiten, die dem gesamten Leben unserer Biosphäre dienen, ins Leben zu rufen und engagiert zu verfolgen.

Eine solchermaßen »fully functioning integral person« wird die Antworten auf Lebens- und Sinnfragen nicht mehr vorwiegend im sprachlichen Diskurs suchen, sondern diese als tief-vorsprachliche Antworten der Seele immer wieder ganzheitlich und neu erfahren.

> **Zusammenfassung**
> Focusing ist eine am persönlichen Erleben orientierte klientenzentrierte Therapieform und bezeichnet eine bestimmte Art und Weise, mit der eigenen, innerlich wahrgenommenen Resonanz auf ein bestimmtes Thema offen in Beziehung zu treten.

Focusing ist dabei offen für alle Konzepte und Methoden, die eine unverfälschte und unmittelbare Beziehung zum eigenen Erleben fördern und unterstützen.

Focusing-Techniken helfen bei der Bewältigung persönlicher Themen (*»orange«*),
fördern die Selbsterfahrung in tieferen Persönlichkeitsbereichen (*»grün«*) und helfen, die Einbindungen in ein vernetztes Ganzes besser zu verstehen (*»gelb«*).
Im integralen Bereich (*»türkis«*) führen tiefe vorsprachliche Antworten durch Eintauchen in den Grund des eigenen Bewusstseins dazu, aktiv sein einmaliges Leben zu leben, ohne an den Widersprüchlichkeiten des Lebens zu verzagen.

Focusing berührt den tiefsten Wahrnehmungsgrund und fördert unsere intuitive vorsprachliche Wahrnehmungsfähigkeit.

Im folgenden Kapitel werden wir uns mit einem kommunikationspsychologischen Modell beschäftigen, das für unser kognitives (denkendes) Verstehen hohe Wirksamkeit aufweist. Widersprüchliche Phänomene und Polaritäten können damit tiefer verstanden werden.

Die Einbindung dieses Modells in die verschiedenen Entwicklungsstufen (»spiral dynamics«) führt uns wiederum zu einem tieferen kognitiv-integralen Verständnis unserer Wirklichkeit.

Kapitel 6:
Kommunikationspsychologie – vom polaren Denken zum integralen Bewusstsein

Kommunikationspsychologie (»*orange*«) wurde in den Sechzigerjahren des letzten Jahrhunderts durch Paul Watzlawick und Friedemann Schulz von Thun einem breiten Publikum zugänglich gemacht. Ein wichtiges Modell daraus ist das Werte-Rechteck. In den Siebzigerjahren meinten Kommunikationstrainer, wenn jedes Unternehmen diese Modelle anwendete, könnten wir in idealer Weise miteinander kommunizieren. Schulz von Thun selbst räumte in den Neunzigerjahren ein, dass diese Annahme zu voreilig war.

Kommunikationspsychologie arbeitet mit Worten und Begriffen (Focusing geht hier tiefer). Doch wenn wir die Grundpolaritäten hinter den Worten und Begriffen hervorheben, dann lässt sich dieses Modell zu einer wichtigen integralen Technik weiterentwickeln.

6.1 Darstellung des Werte-Rechtecks (»*orange*«)

Menschliches Verhalten ist polar. Unsere kognitiven Denkstrukturen sind so angelegt, dass es von jeder Eigenschaft immer auch einen Gegenpol gibt: friedlich – konfliktfähig; großzügig – sparsam; ich-bezogen – sozial; alleine – zusammen usf.

Erkenntnis 1: Wir denken in Gegensätzen.

Erkenntnis 2: Jede Polarität weist immer zwei Ausprägungen auf: eine positive und eine ins Negative übertriebene.

positiver Aspekt	zusammensein Nähe zulassen bindungsfähig	+	alleine sein eigenständig distanzfähig
negative Übertreibung #	abhängig klammernd einengend	–	egozentrisch bindungsunfähig

Erkenntnis 3: Eine Eigenschaft ist dann positiv, wenn sie einen Bezug zur Polarität aufweist. Ansonsten neigt sie zur Übertreibung und gerät damit ins Minus, da ihr das Korrektiv der Gegenseite fehlt.

Beispiele: Ja-Sagen ist nur dann positiv, wenn man bei Bedarf auch Nein-Sagen kann.

Wenn Nein-Sagen »im Schatten liegt« – wenn man niemals Nein sagen kann, dann wird man ein Ja-Sager. Friedfertigkeit ist nur dann positiv, wenn man bei Bedarf auch Konflikte austragen kann. Liegt Konfliktfähigkeit im Schatten, wird man harmoniesüchtig.

Ursachen für problematische Beziehungen liegen oft in zu unterschiedlichen Erwartungshaltungen: Wird das Verhalten eines anderen für uns schwierig, so hängt dies oft mit unserem eigenen »Schatten« zusammen, d. h., diese Verhaltensweise ist uns fremd und wird daher leicht negativ überbewertet und abgewertet.

Der »Schatten« kann hellgrau bis tiefschwarz sein: Je dunkler, umso weniger können wir noch etwas Positives darin wahrnehmen, verzerren die Wirklichkeit und sehen nur noch die negative Übertreibung. Je dunkler der eigene Schatten, umso mehr übertreiben wir selbst auf unserer Werte-Rechteckseite. Wenn Sie kein Gespür mehr dafür haben, dass »alleine sein« auch ein positiver Wert ist, fehlt Ihnen das Korrektiv der Gegenseite und Sie übertreiben den Wunsch nach Zusammensein. Den Abgrenzungswunsch Ihres Partners können Sie nur mehr als Egozentrik interpretieren.

Die Entwicklungslinie liegt daher auf der Diagonale – von der negativen Übertreibung hin zum positiven Gegenpol.

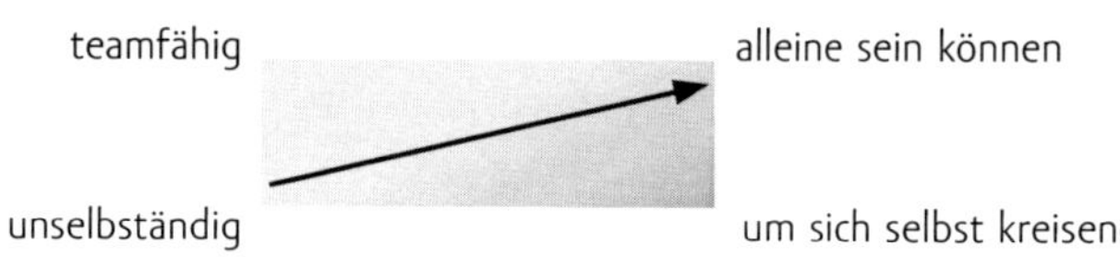

Wenn Sie am anderen das Alleine-sein-Wollen stört, könnte es sein, dass Sie selbst sehr anlehnungsbedürftig sind. In diesem Fall sollten Sie sich selbst fragen: Was kann ich tun, um meine Fähigkeit zum Alleine-Sein weiterzuentwickeln?

Bei starken Abhängigkeitsgefühlen sollten Sie sich zur positiven Polarität (Eigenständigkeit) hin entwickeln, um Ihren eigenen Schatten »aufzuhellen«.

Übung: Entwickeln Sie nun Ihr eigenes Werte-Rechteck für die Frage: Welches Verhalten stört mich an anderen?

2) wenn ich es positiv interpretieren würde, dann wäre es

\+

3) so lautet das positive Gegenteil des störenden Verhaltens

1) negatives Verhalten, das mich an anderen stört

–

4) die negative Übertreibung von 3) ist …

Dann fragen Sie sich, auf welcher Seite Sie eher beheimatet sind (ankreuzen).

Stricheln Sie bitte die andere Seite »schattig« ein. Da Ihr Schatten bestimmt (!) nur hellgrau und nicht dunkel ist, fällt es Ihnen sicher nicht allzu schwer, Ihre Entwicklungsrichtung zur positiven Ausprägung Ihres (»schattigen«) Gegenpols zu erkennen und mit einem Pfeil einzuzeichnen.

Homöopathisch ausgedrückt, könnte man den Erkenntnisgewinn dieses Modells auch so formulieren: Das, was Sie am anderen am meisten stört, benötigen Sie selbst in einer gesunden Dosis (den positiven Aspekt, der im »Schatten« liegt) – für Ihre eigene Weiterentwicklung und Gesundung.

Zu Beginn einer Beziehung ist Gegensätzlichkeit (Polarität) meistens sehr attraktiv:

Sie verlieben sich wahrscheinlich nicht in jemanden, der die gleichen »Macken« hat wie Sie selbst – Sie verlieben sich in jemanden, der dort über Stärken verfügt, wo Sie selbst weniger Kompetenzen besitzen. So finden und ergänzen sich: der Ruhige und der Vielredner, der Lebensfrohe und der Verantwortungsvolle, der Durchsetzungsfähige und der Friedliche.

Eigentlich müssten wir beim ersten Kennenlernen ehrlicherweise sagen: »Ich habe hier ein schattiges Plätzchen neben mir – willst du es mir nicht aufhellen?«

In Paartherapien frage ich manchmal zerstrittene Paare: »Was hat Ihnen an Ihrem Partner(in) gefallen, als Sie sie / ihn kennengelernt haben?«

Meist ist das genau die Eigenschaft, die heute stört (sie ist nur vom Plus ins Minus gerutscht).

Das heißt: Sie lassen sich das Anderssein vom Partner gerne schenken – wenn jedoch diese Eigenschaft später gegen Sie gewendet wird, dann sehen Sie nur mehr den fremden dunklen »Schatten« in seiner Minus-Ausprägung.

So wird aus der liebevoll-temperamentvollen Partnerin, die Ihr Leben als eher ruhiger Zeitgenosse angenehm in Schwung bringt, irgendwann eine hysterisch-nervige Frau, die Türen knallt und launisch ist. Und umgekehrt wird der ruhige, in sich ruhende, beständige Partner, der wie ein Fels in der Brandung stark und zuverlässig Sicherheit vermittelt, zum gefühlskalten Klotz. Und die Partnerin sagt verzweifelt: Was muss ich noch alles gegen die Wand werfen, damit der Kerl endlich einmal reagiert!

Fazit: In Konfliktsituationen handelt es sich oft um die gleiche Polarität, die zu Beginn einer Beziehung so faszinierte. Mit dieser Erkenntnis könnten Sie fair zu Ihrem Partner sagen: »Ich liebe dich und dein Temperament. Aber wenn du Tassen an die Wand wirfst, ist das für mich so unglaublich fremd, dass ich mich völlig zurückziehe und nichts mehr sagen kann.« Und dann (nach den Regeln der gewaltfreien Kommunikation von Rosenberg): »Bitte sag mir – in ruhigen Worten –, warum du so wütend bist!«

Beim Werte-Rechteck gibt es noch eine *zweite Variante.* Nicht nur gegensätzliche Eigenschaften, auch starke Ähnlichkeiten können Probleme verursachen. Im Positiven verstehen Sie sich zwar wortlos mit jemandem, der Ihnen sehr ähnlich ist (»Zwei Diebe in Bagdad brauchen sich nicht vorzustellen, sie erkennen sich auf den ersten Blick!«).

In Konfliktsituationen kann es aber dazu kommen, dass Sie das gleiche Verhalten bei sich selbst als positiv bewerten, dem anderen aber das Minus zuweisen. Wenn Sie jemandem begegnen, der Ihnen sehr ähnlich ist und der die gleichen Tricks und Strategien anwendet, die Sie selbst nur zu gut kennen, kann es leicht zu Konkurrenz und Abwertung kommen: »Ich bin ja schon selbstbewusst, aber der andere, der ist wirklich arrogant!«

Oder: »Ich bin ja weiß Gott charmant, aber die neue Mitarbeiterin – wie die sich beim Chef einschmeichelt!«

Es ist im kommunikativen Miteinander sinnvoll, sich auch dieser Beurteilungsfalle bewusst zu werden. Die Entwicklungslinie bei Ähnlichkeit geht (für beide!) zur anderen Rechteckseite, in den positiven Schattenbereich. Sie sollten sich gegenüber dem arroganten Gesprächspartner etwas toleranter und

»bescheidener« verhalten, um nicht in einem Machtkampf selbst zur Arroganz abzugleiten.

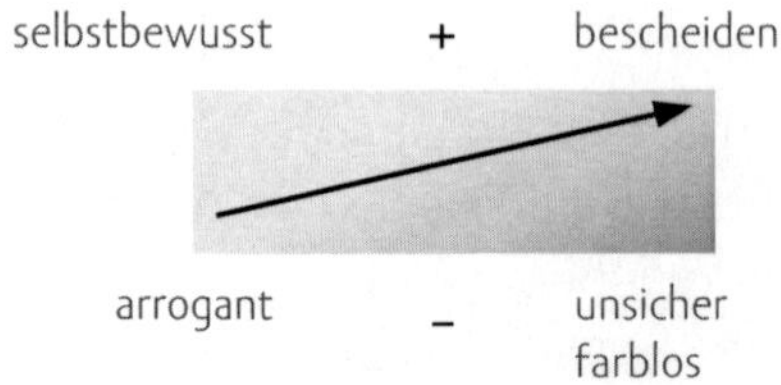

Fazit: Starke Unterschiede wie starke Ähnlichkeit haben im Positiven eine hohe Faszination, in Konfliktsituationen kommt es aber leicht zu Missverständnissen.

Diese Kenntnisse werden – wenn es um Macht und Durchsetzung geht – häufig auch *sprachmanipulatorisch* eingesetzt:

> Wir selbst haben Aufklärungsflugzeuge, der Gegner hingegen Spionageflugzeuge.
> Wir haben Freiheits- oder Widerstandskämpfer, die Gegner sind Terroristen.
> In Firmen-Annoncen werden durchsetzungsfähige (= »rücksichtslose«) und hochmotivierte (= »strapazierfähige«) Mitarbeiter gesucht.
> Und Reisebüros werben für »die schönsten Wochen des Jahres« (= träge und faul sein).

Sie sehen: Sprache lässt sich sehr geschickt für eigene Interessen manipulieren.

Die Kunst guter Politik, Psychologie und Philosophie besteht darin, Polaritäten als einseitig-subjektive Wirklichkeitsdeutungen zu erkennen, Sprachmanipulationen aufzuzeigen und aus einem größeren verstehenden (»*gelben*«) Blickwinkel Gegensätze als lebendigen Spannungspol in größere Sinnhorizonte einzubinden und zu relativieren.

Soweit eine kurze Darstellung des Werte-Rechtecks. Um dieses Modell in integrative und integrale Sichtweisen weiterzuentwickeln, bedarf es verschiedener Ergänzungen, Abmilderungen und Erweiterungen.

6.2 Das Werte-Rechteck im personzentrierten Bereich (»*grün*«)

Im helfenden und beratenden Bereich der personzentrierten Therapie werden Erkenntnisse des Werte-Rechtecks angewendet, ohne explizit benannt zu werden (denn in der »*grünen*« Psychologie »mag« man Modelle nicht so gern). In Humanistischen Therapien gibt es daher nur ganz wenige ausdrücklich benannte »Techniken« – das »Spiegeln« ist eine davon.

Dabei werden – immer auf dem Hintergrund wertschätzender Grundhaltung, Empathie und persönlicher Echtheit (Kongruenz) des Therapeuten – die Aussagen eines Klienten verdichtet zurückgesagt (= gespiegelt).

Im amerikanischen Sprachduktus werden häufig einfache Bilder verwendet, um einen Sachverhalt darzustellen (im Deutschen wirkt das manchmal etwas banal).

Gendlin erläutert – auf Amerikanisch – die Spiegeltechnik mit folgendem Bild:

»Stellen Sie sich vor, Sie sitzen an einem sechsspurigen Highway und beobachten den Verkehr. Sie sehen: Auto – Auto – *Feuerwehr* – Auto – Auto ... Die ›Feuerwehr‹ müssen Sie sich merken (und verbal zurückspiegeln). Die ›Autos‹ sind nicht so wichtig.«

»Feuerwehr« – damit sind Gefühle, eigene Befindlichkeiten und Ich-Aussagen gemeint. »Autos« hingegen sind all die Ausschmückungen, Detailschilderungen, Kommentare und Interpretationen, die eher unwichtig scheinen. Nach einem gekonnten »Spiegeln« wird Ihnen der Klient antworten: »Ja, genau!« – Das Wesentliche seiner Schilderungen wurde erfasst.

Ich erwähne die Spiegel-Technik, weil in sie eine wesentliche Erkenntnis des Werte-Rechtecks einfließt. Klienten, die sich selbst kritisieren, verwenden meist die Minus-Variante. Ein Minus-Begriff kann aber niemals verstehend in die eigene Person integriert werden, da er ja abgelehnt wird. Deshalb spiegeln Therapeuten nur den (verdeckten) Plus-Aspekt der kritischen Aussage zurück.

Sagt ein Klient zum Beispiel: »Ich würde gerne mehr Sport treiben, aber ich bin ein fauler Hund!« – dann wenden Sie beim Spiegeln folgende zwei Regeln an:

> Regel 1: »Aber« wird durch »und« ersetzt.
> Regel 2: Minusaussagen werden ins Plus übersetzt.

Eine therapeutisch gute Antwort sähe in etwa so aus: »Ein Teil von Ihnen möchte gerne mehr Sport treiben und ein anderer Teil möchte ausspannen, sich erholen und nichts tun.«

Nun kann der Klient die beiden mit »und« verbundenen Aussagen einzeln fokussieren, danach den inneren Freiraum vergrößern und beide Möglichkeiten zugleich wahrnehmen. Er wird erkennen, dass die Gegensätzlichkeit seiner Aussagen eventuell gar nicht so polar ist: Denn er könnte ja etwas Sport treiben und dann auch mal einen gemütlichen Abend ohne Programm verbringen. Der Klient (den ich hier zitiere) antwortete jedoch: »Nein, so geht das nicht! Wenn ich Sport treibe, dann richtig! Dreimal die Woche zwei Stunden!«

Nun wird das wirkliche Thema des Klienten erkennbar: Es ist sein männliches Sportlerbild – wenn er dieses Bild ändern würde, dann könnte er beide Polaritäten stimmig in sein Leben integrieren. Dies zeigt, dass hinter den begrifflichen Polaritäten oft ein persönlich tieferes Thema verborgen ist. Dieses herauszufinden, ist die Aufgabe jedes guten Therapeuten.

Verwendet man im »*orangefarbenen*« technisch-logischen Modelldenken Begrifflichkeiten als klare Beschreibungen, so werden im »*grünen*« humanistischen Vorgehen diese Beschreibungen in die Lebenswirklichkeit und Erfahrungsfülle der gesamten Persönlichkeit integriert und soweit zurückgespiegelt, bis tiefere Themen auftauchen.

Auf unser Beispiel bezogen: Der Gegensatz von »Sport« und »Entspannung« wird relativiert, wenn man den sozio-kulturellen Hintergrund berücksichtigt. Die Problematik der Polarität »Leisten« und »Ausruhen« wird dann als »stimmiger« Konflikt in einer Gesellschaft erkannt, die hohe Leistung und immerwährende körperliche Fitness als maximalen Wert vorgibt.

Diese Begriffe werden noch weiter relativiert, wenn wir in biosphärischen Dimensionen denken: Der derzeitige »Raubtier-Kapitalismus« beutet nicht nur die Erde aus – er beutet auch die natürlichen Ressourcen des menschlichen Körpers und unsere Leistungsfähigkeit aus: Wer nicht mitspielt, wird ersetzt. »Fit sein« und »entspannen wollen« können auf individueller Ebene allein nicht befriedigend gelöst werden.

Der Klient müsste sich um einen neuen Lebens-Sinn bemühen und den »Kleinen Prinzen« in sich wieder aktivieren: »das Eigentliche ist unsichtbar«.

Viktor Frankl definiert Lebenssinn als etwas, das über uns hinausweist, das mehr ist als wir selbst. Dies kann in der Familie, in stärkerer Selbstfindung oder im Dienst für andere als sinnhaft und erfüllend erlebt werden.

Mit diesem Bewusstsein können wir uns wieder mit unserer ursprünglichen Lebenskraft verbinden und uns weiterentwickeln – persönlich, sozio-kulturell und weltzentrisch.

Im Folgenden werde ich Ihnen am Beispiel von »Mystik« und »Ethik« exemplarisch aufzeigen, wie sich Polaritäten auf den unterschiedlichen Entwicklungsstufen zunehmend verringern und wie sich die Semantik (Bedeutung) dieser Begriffe durch die Einbettung in größere Zusammenhänge immer mehr relativiert, öffnet und weitet. Beginnen wir wieder mit dem klassisch-»*orangefarbenen*« Werte-Rechteck:

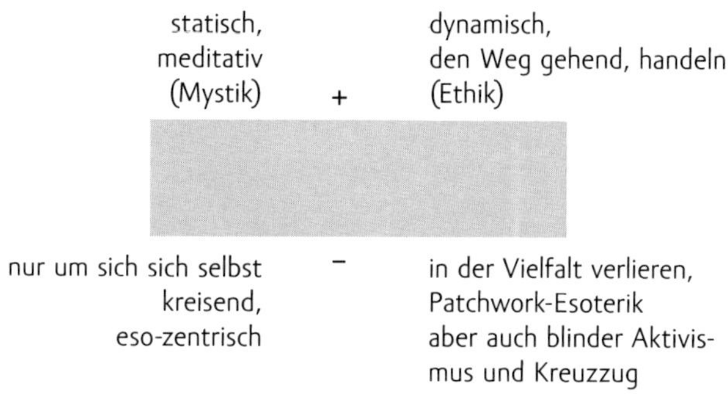

Mystik und Ethik sind im sprachlogisch-begrifflichen Denken polar. Mystik bedeutet eine tiefe innere (vorsprachliche und vorbegriffliche) Wahrnehmung und Erfahrung der Einheit.

Daran ist gar nicht so viel »Mystisches«, denn jeder kennt diese Augenblicke, in denen wir für Momente tief empfindend und staunend mit uns und der Welt einfach im Einklang sind.

Beispiel: Dorothee Sölle beschreibt in ihrem Buch »Mystik und Widerstand«, wie sie als junge Mutter ihre vierjährige Tochter zum Kindergarten brachte, um dann möglichst rasch zu ihrer Arbeitsstelle zu gelangen. Die Kleine blieb immer wieder stehen, Dorothee Sölle zog sie ungeduldig und gestresst weiter. Auf einmal blieb das Kind hartnäckig stehen und zeigte auf eine Hausnummer. Und las laut: »sie-ben!« Es war das erste Mal, dass das Kind etwas Geschriebenes erkannt und laut vorgelesen hat. Sölle beschreibt, wie aller Stress augenblicklich von ihr abfiel und wie sie ein tiefes Glücksgefühl durchströmte.

Dieses Erlebnis wirkt auch noch als alte Dame in der Erinnerung. Das ist Mystik.

Wenn mystisches Erleben ich-bezogen herbei gezwungen wird, haben wir es mit negativer, neurotisch getönter Mystik zu tun. Der ethische Gegenpol – »handelnd in der Welt zu sein« – ist damit in den Schatten gewandert. Bei manchen Menschen kann man sogar den Eindruck gewinnen, als sei die Sehnsucht, das eigene Ich mystisch zu transzendieren, der beste Garant für ihr inflationär gewordenes Ego.

Beispiel: Als Student verdiente ich mir meinen Lebensunterhalt mit Gitarrenunterricht. In einem vornehmen Münchner Vorort unterrichtete ich ein 14-jähriges Mädchen, das mit der Suche nach Lebenssinn so allein gelassen und überfordert war, dass es sich »ritzte« und zunehmend stärkere Drogen konsumierte. Ich therapierte mehr als dass ich Gitarre unterrichtete. Das Mädchen lebte in äußerlichem Luxus – Riesen-Villa, Vater berühmter Arzt, selten zu Hause (und mit diversen Affären beschäftigt). Die Mutter: schön, einsam und auf Esoterik-Trip. Sie meditierte jeden Tag vor wertvollen großen goldenen Buddha-Figuren in ihrem tempelartig ausgebauten Luxus-Keller. Doch währenddessen ging um sie herum ihre Welt zugrunde.

Dieses eso-zentrische »nur um sich selbst Kreisen« führt letztendlich zu einer magisch-narzisstischen Überschwemmung und zu Weltflucht. Für diese arme / reiche Frau wäre es so wichtig gewesen, ihren Schatten aufzuhellen und handelnd »ihr eigenes Haus« in Ordnung zu bringen.

Ethik bedeutet sittliches Wollen und Handeln – also in dieser Welt auf der Grundlage eigener Grundwerte handelnd zu wirken. »Ora et labora« – bete und arbeite – ist ein Grundsatz aus der Tradition der Benediktiner, der auch in der ursprünglichen Kreuz-Symbolik auftaucht: Mystik ist die (vertikale) Versenkung in die eigene Tiefe und Ethik die (horizontale) Einbindung in die uns umgebende Welt. Wenn man Ethik in modernen Worten ausdrückt, dann heißt es: Es gibt nichts Gutes, außer man tut es.

(Da in unserer Gesellschaft alles und jedes frei kommentiert werden kann, gibt es natürlich längst auch die Konter-Antwort: Es gibt nichts Schlechtes, außer man möcht' es!)

Wenn Ethik übertrieben wird (das Mystische in den Schatten wandert), dann werden fanatisch tief-»*rote*« Kreuzzüge für die »Wahrheit« geführt. Konkretes

Beispiel dafür sind einige radikale Abtreibungsgegner in den USA, die Kliniken anzünden und Ärzte töten.

In ihrem Aktivismus merken diese Menschen nicht mehr, dass sie ihre eigenen Prinzipien – Leben zu schützen – konterkarieren. Denn die mystische Innenschau, die immer mit tiefer Liebe verbunden ist, haben sie längst in einen dunklen Schatten verbannt.

6.3 Das Werte-Rechteck im integrativen Bereich (*»gelb«*)

Im integrativ-»*gelben*« Bereich wird das Bewusstsein authentischer. Subjektive Begrifflichkeiten und ihre Polaritäten sind in größere Rahmen eingebunden, die Hintergrundbedingungen eines Themas werden zunehmend erforscht, und subjektive Wahrheiten systemisch »dekonstruiert«.

Persönliche Spannungsfelder werden in sozio-kulturelle Kontexte eingebettet, wodurch die Akzeptenz einander widersprechender Wahrheiten zunimmt (die polaren »Schatten« werden heller). Je mehr sich der begriffliche Kontext erweitert, umso offener und weiter werden auch die semantischen (= bedeutungshaltigen) Begriffe. Auf unser Beispiel bezogen:

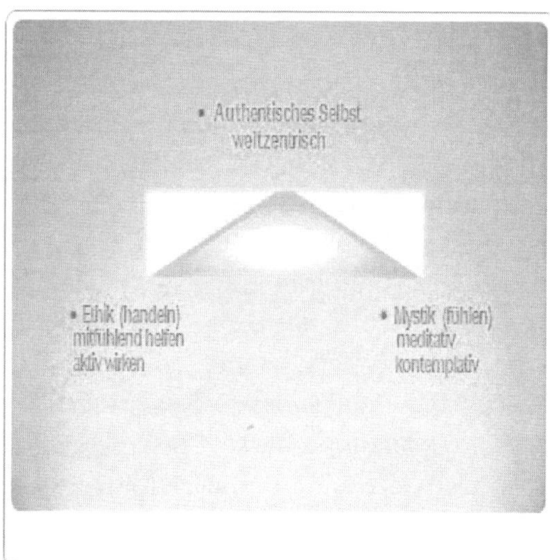

Ein integratives Selbst ordnet die Polarität von Mystik und Ethik in ein größeres vernetztes Ganzes ein.
Die wachsende Akzeptanz für beide Seiten der Polarität liefert hierbei wichtige Impulse für ein toleranteres Verständnis der Komplexität unserer globalisierten Wirklichkeit.

Im »*gelben*« Bereich ist das intellektuell-mentale Verstehen und Analysieren von Wirklichkeiten ein wichtiges Erkenntnis-Werkzeug geworden.

Je präziser dabei scheinbare Widersprüche in ein größeres Ganzes vernetzt und integriert werden, umso mehr entsteht im Einzelnen der Wunsch nach funktionsfähigen neuen Gemeinschaften, in denen man sich des Paradoxons bewusst ist, »dass wir das Denken effektiv nutzen und gleichzeitig den spirituell-integralen Nutzen allen Denkens in Frage stellen« (Steve McIntosh: »Integrales Bewusstsein«). Anregungen im integral-philosophischen Sinne sind sehr nützlich, da sie Menschen in ihrem Wunsch und Bestreben unterstützen, den gegenwärtigen Zustand der Menschheit und ihr eigenes Umfeld zu verbessern.

Unsere zutiefst menschliche Sehnsucht nach Vollkommenheit möchte immer wieder mit sinnvoller Information genährt werden, die zum Nachdenken und Handeln anregt.

Bevor wir uns der integralen (»türkisfarbenen«*) Stufe zuwenden, lassen Sie uns die bisherigen Erkenntnisse nochmals kurz rekapitulieren:*

Die Kommunikationspsychologie der Sechzigerjahre hat die Polarität unserer Denkstruktur im psychologischen Bereich erforscht. Schulz von Thun analysierte unser Denken in Gegensätzen, inklusive der positiven und negativen Ausprägungen.

Große Unterschiede und Ähnlichkeiten haben eine gewisse Attraktivität – bei Konflikten kommt es dabei jedoch leicht zu Missverständnissen. Der Begriff des »Schattens« (von C.G. Jung entlehnt und auf das Werte-Rechteck angewendet) zeigt bildhaft, wie eine »Aufhellung« des Schattens zu Annäherung und Verständigung führen kann.

Im »*grünen*« Bereich werden wahrnehmungspräzisierend persönliche Themen hinter den Polaritäten erforscht, wodurch in der Lebenswirklichkeit neue sinnhafte und akzeptierende Sichtweisen entstehen können.

Im »*gelben*« Bereich werden Begriffe und Polaritäten systemisch dekonstruiert und die zugrunde liegenden Hintergrundbedingungen bewusst gemacht. Feste Begrifflichkeiten werden dabei relativiert und in immer größere Wirklichkeits-»Rahmen« eingebunden.

6.4 Das Werte-Rechteck im integralen Bereich (»*türkis*«)

Auf integralem Niveau (»*türkis*«) werden Polaritäten - egal auf welcher Ebene oder »Farbstufe« der Entwicklung - noch tiefer auf ein zugrunde liegendes quantenphysikalisches und spirituelles Feld bezogen. Polare Spannungen werden relativiert, These und Antithese in eine größere Synthese eingebunden (nach Wilber befinden sich erst 0,2 Prozent der Weltbevölkerung auf dieser Stufe).

Auf integraler Ebene bekommt die Idee der Werte - wie das Schöne, das Wahre und das Gute - eine neue Bedeutung. Dies sind die drei innerlichsten Werte, von denen sich im Grunde alle anderen Werte ableiten lassen.

Im Folgenden untersuchen wir, wie die Dreiheit von »Ich« (das Schöne), Mystik (das Wahre) und Ethik (das Gute) in eine entstehende Kultur des integralen Bewusstseins eingebunden werden kann. Unser ursprünglich »*orange*«-kognitives Gegensatzpaar »Mystik« und »Ethik« hat nun eine weite Reise hinter sich, nachdem es sich in ein vernetztes Ganzes eingebunden und seine Polaritäten relativiert hat. Jetzt - auf integral-spirituellem Niveau - findet eine noch tiefere Einbindung statt.

Auf der integralen Entwicklungsstufe kann das authentische Selbst gut mit den Gegensätzen von ethischem Handeln und mystisch-versenkendem Nicht-Handeln umgehen. Es ist sich der Übergänge meistens nicht einmal mehr bewusst und bewegt sich - im Idealfall - fortwährend von einer Polarität zur anderen, ohne dass es einen Schatten - ja nicht einmal einen Schleier - zwischen beiden gäbe. Beide Seiten sind zugleich zugänglich und vorhanden - sie werden ununterscheidbar.

Ein solcher Mensch zeigt seine Gefühle, Emotionen und Leidenschaften, ohne andere (absichtlich) verletzen zu wollen. Er hat die unerschütterliche Gewissheit des All-Eins-Seins tief in seinem Inneren – nicht nur wenn er in Ruhe meditiert, sondern auch, wenn er »in der Welt«, im Alltag und Beruf agiert. Er wird beim Einkaufen, wie viele von uns, Schwierigkeiten haben, unter zwanzig Brotsorten auszuwählen. Er ärgert sich, wenn ihm der Bus vor der Nase wegfährt und er wird im Stress ungeduldig. Aber er haftet an diesen realen Empfindungen nicht mehr wirklich tief an. Ein solcher Mensch handelt kongruent und angemessen und kann sein Verhalten dem jeweiligen Zeitpunkt, dem Ort und der jeweiligen Situation flexibel anpassen.

Viele Menschen ringen oft jahrelang – ichbezogen – mit ihrer Polarität. Sie sind der Überzeugung, dass sie nur durch intensives Üben und Vorschriften-Befolgen zu »erleuchteter« Wahrheit gelangen könnten. Spiritualität wird damit *»blau«-»orange«* eingefärbt, als ob spirituelle Erfahrung in einer höheren Bildungsanstalt mit Zeugnissen und Zertifikaten für »löbliches« Betragen erarbeitet werden könne.

Ein sehr ernsthafter und bemühter Klient sagte mir einmal: »Ich sitze jeden Tag mindestens zwei Stunden auf meinem Meditationskissen und halte mich genau an die vorgeschriebenen Übungen – ich habe mir nun ausgerechnet, dass ich, wenn ich durchhalte, in elf Jahren erleuchtet bin.«

Almaas, ein westlicher Sufi-Meister, sagt: *»Es gibt nichts Besseres als die Einfachheit, man selbst sein zu können – in sich selbst zentriert zu sein, zu erkennen, wer man ist und das Gefühl der Vertrautheit und der Wirklichkeit darin zu verspüren. Die ganze innere Reise, die gesamte therapeutische und spirituelle Suche hat im Grunde nur ein einziges Ziel: wirklich diejenigen zu sein, die wir sind.«*

Sowohl im Buddhismus wie im Christentum wird immer wieder auf die Gefährdungen einer einseitigen Überbewertung von mystischer Versenkung oder von aktionistischem Bekehrungseifer hingewiesen.

Buddha weilte einige Zeit bei in Höhlen meditierenden Mönchen. Er erklärte ihnen, dass mystische Selbstversunkenheit nur ein Schritt auf dem Weg sei, aber bei Weitem nicht das Ziel. Er riet den Mönchen dringend, hinaus in die Welt zu gehen und unter Menschen zu leben und zu wirken.

Auch Jesus schickte seine Jünger(-innen?) zurück in die Welt, als sie bei ihm mystisch versunken auf einem Berggipfel weilten und glückseelig nur bei ihrem Guru bleiben wollten.

Der Zenmeister Tozan (9. Jahrhundert n. Chr.) rät Menschen, die tiefe mystische Einheitserfahrungen erlebt haben, dass sie vom erleuchteten Berggipfel hinuntersteigen und wieder die menschliche Sichtweise einnehmen müssten – mit all dem Bemühen, den Freuden und den Verwirrungen und Zweifeln. Doch sie wissen jetzt bereits zu viel, um von der Wirklichkeit tief enttäuscht zu sein – und zu viel, um vom Transzendenten enttäuscht zu sein. Sie können tief mit allem mitfühlen – die Polaritäten relativieren sich.

Mutter Theresa ist ein tragisches Beispiel dafür, was geschieht, wenn man sich ethisch-handelnd für seine Mitmenschen aufopfert und die eigene mystische Innenschau dabei zunehmend »vergisst« (in den Schatten verbannt): In ihren Tagebuch-Aufzeichnungen beschreibt sie, dass sie schon seit vielen Jahren ihren Gott verloren habe und innerlich dunkel, depressiv und verzweifelt war.

Zum Abschluss dieses Kapitels möchte ich Ihnen das kosmogonische Geheimnis (= Lehre von der Entstehung des Weltalls) der babylonischen Priester verraten – die geheim gehaltene Zahlenmystik der Adyta arcanta, die auch Pythagoras in einer Einweihung erfahren hat:

> ***Kosmogonisches Geheimnis der babylonischen Priester***
>
> »Die Eins ist der Schoß, aus dem die Zwei bricht, die Vielheit. Aber hinter allem steht die Idee der Null als namenloses Mysterium allen Seins, das für uns für immer unsichtbar bleibt, unerreichbar und unbegreiflich.« Wir Menschen müssen lernen, das Geheimnis (die Null) zu erdulden, »und dennoch strahlen im unermesslichen Licht« (der Eins).

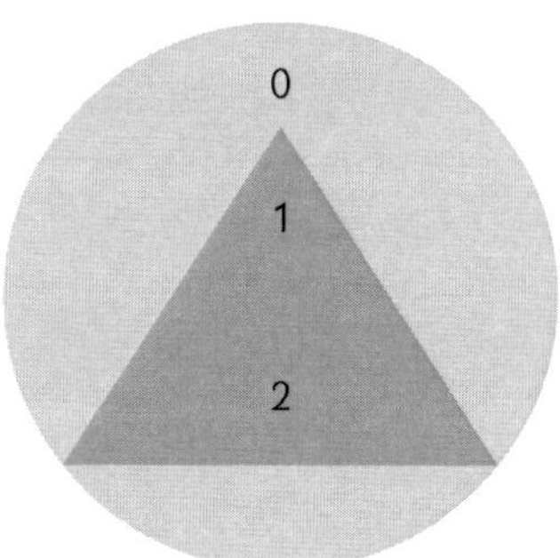

> Im Klartext: Ein integrales und bewusstes Selbst hat die strahlende Energie des »All-Einen« – der Eins – tief in sich. Ihm gelingt es, im dualen Bereich (der Zwei) aktiv sein einmaliges Leben zu leben, ohne an den Widersprüchlichkeiten des Lebens zu verzagen. Die polare Welt ist voll zugänglich und die Schatten sind nur mehr leichte Schleier geworden. Und hinter und über allem steht das »Göttliche« –, von dem wir uns kein Bildnis machen sollen und können – die babylonische »Null«.

Ein authentisches (»*türkisfarbenes*«) Selbst erlaubt Ihnen, durch Ihr »In-der-Welt-Sein« ganz in den Grund des eigenen Bewusstseins einzutauchen. Dann können Sie staunend erkennen, dass Sie in allem, was Sie tun und nicht tun, immer in das göttliche Mysterium eingebettet sind.

Nun sollten Sie allerdings aufpassen, dass Sie keine neuen Polaritäten zwischen der »Eins« und der »Null« erzeugen, indem Sie die »Null« als neuen polaren Schatten definieren, den Sie mit Ihrem Ich unbedingt verstehen möchten.

Ein letzter Tipp aus den Mysterienkulten des antiken Griechenland – den die Hierophanten des schwarzen Tempels von Eleusis (Athen) ihren ratsuchenden Adepten immer wieder mitgaben:

> **Lebe – und du weißt!**

Zusammenfassung

Die Kommunikationspsychologie analysiert unsere Denkstrukturen und unser Beziehungsverhalten. Schulz von Thun hat die Polaritäten unseres Denkens in einem Werte-Rechteck modellhaft aufgezeigt.

In diesem Kapitel wurde mithilfe des »Schattens« (von C.G.Jung) aufgezeigt, wie Unterschiede und Ähnlichkeiten von Verhaltensweisen sehr attraktiv – aber auch sehr konflikthaft erlebt werden können.

Unter entwicklungsdynamischer Perspektive wurde eine zunehmende Relativierung polarer Begrifflichkeiten entwickelt und in ein vernetztes Ganzes eingebunden, um schließlich – auf integral-spirituellem Niveau – in einem authentischen Selbst ununterscheidbar und »schattenlos« integriert zu werden.

Integrale Wahrnehmungsübung: Auflösung von Polaritäten

Setzen Sie sich bequem hin, halten Sie Ihren Rücken gerade und stellen Sie beide Füße flach auf den Boden.

Atmen Sie durch Ihre Nase, und wenn Sie einatmen, lassen Sie die Luft bis hinunter zu Ihrem Zwerchfell gelangen.

Ihre Atmung sollte sich leicht und nicht gezwungen anfühlen. Eine Orientierung kann sein, sich für das Einatmen drei Sekunden zu nehmen, dann kommt eine kurze Pause, und dann drei Sekunden für das Ausatmen.

Vielleicht möchten Sie etwas schneller oder langsamer atmen – lassen Sie Ihren Körper den Rhythmus bestimmen, lassen Sie ihn atmen und bleiben Sie mit Ihrer Aufmerksamkeit ganz bei ihm.

Jetzt nehmen Sie bitte einfach wahr, was alles in Ihnen auftaucht: Gedanken, eine Körperempfindung, Geräusche, die Sie ablenken. Nehmen Sie Ablenkungen spielerisch und sanft wahr und bringen Sie Ihre Aufmerksamkeit dann mit Freundlichkeit wieder ganz zu sich selbst zurück. Das ist alles: wahrnehmen und zurückkommen ...

Vielleicht wird es so einfacher, einfach da zu sein.

Jetzt nehmen Sie sich Zeit, zu fokussieren, auf welche Weise Ihnen all Ihr Wissen dabei hilft, Sie selbst zu sein: Ihre Erfahrungen, Ihr Verständnis, Ihre Empfindungen, Ihre Gedanken, Wünsche und Fantasien. Wie bringt Sie dieses Wissen in engeren Kontakt mit dem, der Sie wirklich sind?

Jetzt fokussieren Sie das Gegenteil: Wie beeinträchtigt Sie das persönliche Wissen auf dem Weg, ganz Sie selbst zu sein? Das schließt möglicherweise den Glauben mit ein, dass Sie noch mehr wissen sollten, dass Sie sich zu sehr mit anderen vergleichen, dass Sie sich zu sehr analysieren – einfach jede Art, auf die Wissen für Sie als Hindernis erscheint.

Wie halten Sie diese Themen davon ab, sich ganz offen zu fühlen und sich wertfrei so zu akzeptieren, wie Sie eigentlich wirklich sind?

Jetzt gehen Sie noch tiefer – vergrößern den Freiraum – und fragen sich: Wer ist das, der das alles wahrnimmt? All Ihre Gedanken und Gefühle – akzeptieren Sie sie wertfrei, lassen Sie sie da sein oder gehen.

Stellen Sie fest, dass nichts gewiss ist – auch Ihre gesamte Persönlichkeit ist vielleicht nur ein Konstrukt. Doch da, wo nichts mehr ist, da sind Sie auch von nichts mehr abhängig, haben keine Absichten mehr und keine Meinung. Das ist vollständige Freiheit.

Spüren Sie nun die tiefe Stille im Hintergrund, den inneren Frieden. Nehmen Sie die Welt und das, was existiert, wahr als bewusste Stille – den Raum, die Gedanken, alles was existiert.

Versuchen Sie nun dieses All-Eine noch unmittelbarer zu fühlen – wie fühlt sich das an?

Diese Wahrnehmung der Stille sind Sie: »**Ich bin**«.

Können Sie spüren, wie dieses »Ich bin« in den tiefen inneren Frieden des Seins allmählich immer mehr einsinkt und unwichtiger wird?

Lassen Sie diese tiefe Stille in Ihrem Körper und Geist noch etwas nachklingen, dann holen Sie tiefer Atem, bewegen sich leicht und dehnen und strecken sich ein wenig. Kommen Sie in Ihrem Tempo und auf Ihre Art allmählich wieder ganz ins Hier und Jetzt zurück. Bleiben Sie aber noch eine Weile in innerer Achtsamkeit, bevor Sie wieder ganz in den Alltag zurückkehren.

6.5 Schatten-Aufarbeitung im Sterbeprozess – Das tibetische Totenbuch als Reiseführer für den Übergang

Im tibetischen Totenbuch wird der Sterbeprozess als Zwischenzustand beschrieben. Die Tibeter unterscheiden verschiedene »Bardos« – wörtlich übersetzt: »Befreien durch Hören im Zwischenzustand«.

Es gibt mehrere Bardos:

Das Bardo des Lebens

Das Bardo des Sterbens

Das Bardo des Nachtod-Zustandes (Erfahrung von Licht-Visionen)

Das Bardo des Werdens

- entweder eingehend ins Licht der universellen Liebe
- oder des Wieder-in-die-Existenz-Kommens

Nach buddhistischer Auffassung ist Erleuchtung in allen Zuständen (Bardos) möglich.

Der Sterbeprozess ist von großer Bedeutung, da es im Tod einen Moment äußerster Klarheit gibt. Wer in der Lage ist, mit ihm zu verschmelzen, kann den Kreislauf der Existenzen beenden (ins Nirwana, ins Paradies, ins Göttliche, ins All-Eine hinein verschmelzen).

Im Westen ist der Tod derzeit noch eines der letzten großen Tabus – viele wollen nicht daran erinnert werden und verdrängen ihn in den Schatten.

> Doch es ändert sich derzeit einiges: Statt des bisher immer gespielten »Ave Maria« als Beerdigungsmusik können wir zunehmend freier wählen, welches Musikstück der Verstorbene gerne hören möchte – von Schlagern, Rockmusik bis zu Avantgarde-Werken.
> (Vor zehn Jahren hätte der Geistliche noch entschieden protestiert.)
>
> Wir können heute zudem unsere Asche im Meer versenken lassen, über den Bergen verstreuen (in Deutschland derzeit noch nicht) oder in Friedwäldern beerdigen.
>
> Das Todes-Tabu verliert Gott sei Dank zunehmend seine formale Hilflosigkeit.
>
> Und es darf auch geschmunzelt werden: So berichtet ein Münchner Friedhofsangestellter, der schon viele Tausend Beerdigungen begleitet hat, folgendes Erlebnis:
>
> Ein Avantgarde-Musiker, der zeitlebens von seiner Familie geschnitten wurde, ließ bei seiner Beerdigung sein neuestes 20-minütiges atonales Œuvre spielen – und alle Trauergäste mussten bis zum Schluss zuhören!

Man kann während des Lebens bereits einen Zustand der Klarheit und Ruhe erlangen – aber auch im Sterbeprozess gibt es noch Chancen, sich von den Polaritäten und den gewöhnlichen Fesseln des Alltagsbewusstseins zu befreien.

Das tibetische Totenbuch erklärt detailliert, wie sich die Bewusstseinsschichten nach und nach ablösen. Im Buddhismus wird der Tod als große Chance gesehen, alle Masken und Schattenbereiche des Lebens abzulegen.

Das »Bardo Tödol« benennt die exakten einzelnen Sterbephasen wie folgt:

Zu Beginn lösen sich auf der körperlichen Ebene die gröberen Bewusstseinsschichten auf: Sehen, Hören, Fühlen, Riechen und Schmecken.

Die Elemente Erde, Feuer, Luft und Wasser werden immer mehr reduziert:

Erde: Der Körper wird schwächer, Gehen und Aufrechthalten werden schwieriger.

Wasser: Der Körper trocknet aus.

Feuer: Der Körper des Sterbenden beginnt, auszukühlen.

Luft: Der Atem wird langsamer, bis er schließlich erlischt.

Nun folgen – im Unterschied zu Auffassungen der westlichen Wissenschaft, die den Hirntod als endgültigen Todeszeitpunkt festsetzt – fein differenzierte innere Auflösungsphasen – Schleier für Schleier wird gleichsam abgelegt:

Zuerst lösen sich die Funktionen der Aggression und des Hasses in einer innerlichen Erfahrung auf, die wie ein weißes Scheinen – wie Mondlicht in einer klaren Herbstnacht – erlebt werden.

Dann folgen die geistigen Funktionen, die mit ungestillten Begierden verbunden sind.

Die Auflösung dieser »schattigen« Begierden wird innerlich als noch intensiveres rötliches Scheinen erlebt, wie eine auf- oder untergehende Sonne.

Wenn sich (bisher stark verdrängte) Faktoren von Ignoranz und Trägheit auflösen, erfährt man dies als tiefe Schwärze (»Schatten«?).

Wenn alles verschwunden ist, was den Geist zu Lebzeiten getrübt hat, bleibt die reine Essenz übrig. Der Sterbende erlebt sie als Lichtfülle – im Buddhismus als »klares Urlicht« (im Christentum als Jesus- oder Gotteserfahrung) bezeichnet.

Nun wird die wahre Natur unseres Geistes sichtbar, die Buddha- oder göttliche Natur.

Jeder besitzt sie, aber nur wenige erkennen sie zu Lebzeiten. Dieses Licht ist unsterblich, göttlich, ist unsere wahre Natur. Diesen klaren, leuchtenden Zustand der Urweisheit kann man als Einzelner auch zu Lebzeiten jederzeit erfahren. Die Erfahrung dieses absoluten, klaren Lichtes führt zu unmittelbarer Befreiung.

Dieses klare Licht kann beim Verstorbenen bis zu drei Tage scheinen (dies entspricht den drei Tagen der Aufbahrung im Westen, ehe wir den Toten begraben oder verbrennen).

Im Zustand des Nachtodes ist das Bewusstsein – ohne den physischen Körper – besonders instabil. Jetzt werden gewaltige Klänge und strahlende Lichter erfahren, die den Geist auch verwirren können. Friedvolle und zornvolle (»Schatten«-) Gottheiten erscheinen.

Hat sich der Sterbende zu Lebzeiten damit vertraut gemacht, (= den Schatten der Polarität aufgehellt), wird er nicht erschrecken, sondern vertrauensvoll darauf zugehen und damit verschmelzen. Denn diese Erscheinungen existieren nicht außerhalb des Geistes, sondern sind aus ihm selbst entstanden.

Das tibetische Totenbuch empfiehlt, in den Nachtodes-Phasen folgende hilfreiche Worte immer wieder vorzutragen:

»Fürchte dich nicht – es ist genug, das alles als deine eigene subjektive Wahrnehmung zu erkennen! Begreife, dass das nur ein Zwischenzustand ist.«

Jahrtausendealte Erfahrungen des tibetischen Totenbuchs beschreiben immer wieder, dass viele Sterbende es nicht schaffen, diesen Tröstungen zu folgen. Sie fürchten sich vor der überwältigenden Lichtfülle und ihrer göttlichen Manifestation, die sie zu Lebzeiten nie – oder nur selten – beachtet haben. Damit werden sie angezogen vom fahlen Licht des Samsara – der Ich-gebundenen Alltagswelt, und geraten wieder hinein in den karmischen Strom von Ursachen, Bedingungen und Wirkungen.

Ihr Bewusstsein gleitet dann hinüber in den nächsten Bardo: den Bardo des Werdens.

Nun kommen die alten Trübungen des Geistes zurück, alles, was zu Lebzeiten verdrängt, aber nicht umgewandelt (= integriert) wurde, kann nun wieder hervorbrechen: alte Ängste und Gewohnheiten (Neurosen, buddhistisch: Dämonen). Der dunkle Schatten zeigt sich jetzt machtvoll.

Doch selbst jetzt ist noch Befreiung möglich, sofern das Bewusstsein alles als Spiegelung seiner Selbst (= Schatten) erkennt. Auch dann kann es noch eingehen in ein sogenanntes »reines Buddha-Land«, ins Göttliche, in die himmlischen Sphären.

Wenn der karmische Sog zu stark ist, flieht das Ich-Bewusstsein von einer Vision zur nächsten, bis es sich – buddhistisch – in einem neuen Körper wiederfindet. Mit der Geburt eines neuen Lebens tritt das Bewusstsein dann wieder in den Bardo des irdischen Lebens ein – die Erfahrungen sind dann wieder geprägt von Dualismen, Subjekt-Objekt-Erfahrungen, von wertender Bejahung und Ablehnung.

> Der Gedanke der Wiedergeburt ist für Christen nur schwer verständlich, da sie von der absoluten Einmaligkeit des Individuums – auch nach dem Tod im Paradies / in der Hölle – überzeugt sind.

Vielleicht hilft hier folgendes Gleichnis: Wenn ich eine neue Kerze an der verlöschenden Flamme einer alten Kerze entzünde, ist es die gleiche Flamme, aber trotzdem eine ganz neue, andere Kerze.

Im Augenblick der Erleuchtung – egal, in welchem Bewusstseinszustand (Bardo) – gibt es keine Unterscheidung mehr zwischen Ich und Du – alles ist mit allem integral und spirituell verbunden.

Diese Erkenntnis ist für alle Religionen grundlegend. So wird ein Christ im Nachtod-Zustand Jesus Christus sehen und dadurch Befreiung erlangen, ein Buddhist wir in die Buddha-Natur eintauchen und ein Hinduist das Nirwana als tiefes Licht erfahren. Der Nachtod-Zustand ist nicht kulturell gebunden – wir alle werden Licht sehen, Klänge hören und »strahlend« eingehen in etwas, was größer ist als alle menschliche Vorstellungskraft.

Je besser das Loslassen vom egozentrischen Ich bereits zu Lebzeiten eingeübt wird, desto schmerz- und leidfreier wird auch der Übergang im Sterbeprozess verlaufen. Der Dalai Lama sagt hierzu:

> *»Was wir nach dem Tode mit uns nehmen, ist die Kraft der eigenen, positiven Bewusstseinsformen.«* Und: *»Wenn wir gut zu sterben wünschen, müssen wir lernen, gut zu leben«.*

Zusammenfassung

Sie haben nun einen weiten Erkenntnis-Bogen hinter sich: zu Beginn die Spiral-Dynamics-Entwicklungsstufen, die für die gesamte Menschheitsgeschichte wie für jeden Einzelnen – von der Zeugung bis zum Tod (und darüber hinaus) – eine immerwährende lebendige Weiterentwicklung und Ausdifferenzierung bedeuten.

Dann haben Sie moderne humanistische Wahrnehmungsmethoden (Focusing) kennengelernt, in der Ihre inneren intuitiven Wahrnehmungsfähigkeiten – von der Alltags-Themenbezogenheit bis zur transpersonalen Wahrnehmung des All-Einen – beschrieben wurden.

Am Beispiel der Kommunikationspsychologie haben wir aufgezeigt, wie polares Denken unsere Partnerwahl beeinflusst (*»orange«*) und welche persönlich tieferen Themen dahinter auftauchen können (*»grün«*).

Diese Themen sind immer schon individuell und gesellschaftlich verwoben und vernetzt (»*gelb*«) und münden schließlich im integralen und spirituellen Bereich in einem authentischen Selbst (»*türkis*«), das polare Gegensätze als Teil einer größeren Ganzheit erfahren kann.
Im Transformationsprozess des Sterbens wird das Loslassen vom egozentrischen Ich leichter, wenn wir das Loslassen und Transzendieren der Schatten-Polarität bereits zu Lebzeiten eingeübt haben.

Im nächsten Kapitel wenden wir uns – aus einer anderen Perspektive – innerpsychischen Vorgängen zu, indem wir die grundlegende Subjektivität der Wahrnehmung exemplarisch beleuchten.

Anschließend erfahren Sie, was die Psychosynthese (von Roberto Assagioli) über unsere verschiedenen Teilpersönlichkeiten zu berichten weiß.

Und in einer kurzen Darstellung systemischer Methodik zeigen wir auf, wie verdeckte Ursachen eines zugrunde liegenden Systems (Familie, gesellschaftliche Normen, kulturelle Hintergründe) oft unbewusst Einfluss auf unser individuelles Erleben nehmen.

Kapitel 7:
Die Kraft der Perspektive – subjektive Wahrnehmung und die Teilpersönlichkeiten der Psychosynthese

7.1 Perspektivische Wahrnehmung

Menschliche Wahrnehmung ist subjektiv.

Ein Grundsatz der Soziologie lautet: »Menschen verhalten sich Dingen gegenüber auf der Grundlage dessen, was diese Dinge für sie bedeuten.« Wenn ein Volk glaubt, es stamme von einer Gottheit ab, können Ethnologen (Völkerkundler) noch so exakt wissenschaftlich nachweisen, dass dies nicht stimmt, dass dieses Volk im Laufe der Jahrhunderte aus einem bunten Gemisch verschiedener Kulturen und Ethnien entstanden ist – dieses Volk glaubt, es sei das auserwählte Volk, und damit wird es das auserwählte Volk.

Für die Psychologie gilt dieser Relativismus ebenso. Ansonsten wäre es einfach:

Sie haben ein Problem, kaufen sich die entsprechende Fachliteratur, lesen und verstehen intellektuell die Ursachen und Lösungsschritte für Ihr Problem – und schon haben Sie Ihr Problem gelöst (?!). Sie wissen, dass dies zu einfach ist – es wäre wichtig, sich mit Ihrer ganzen persönlichen Erfahrung thematisch dazu in Beziehung setzen (siehe das Kapitel über Focusing), um verstehend Schritt für Schritt mit korrigierenden Erfahrungen Ihr Problem aufzuarbeiten und zu integrieren.

Tatsache ist: Wir konstruieren unsere Wirklichkeit immer wieder neu aus unserem Jetzt-Zustand. Wenn Sie zum Beispiel heute gut Ihr Leben bewältigen, wird die Tatsache, dass Sie als Schüler(in) schon sehr früh für Gerechtigkeit und Fairness eingetreten sind, als Zeichen für Zivilcourage interpretiert.

Sind Sie aber Alkoholiker geworden und unter der Brücke gestrandet, gilt der gleiche Sachverhalt als frühes Anzeichen mangelnder sozialer Anpassung.

Erving Goffman hat in den Siebzigerjahren sein bahnbrechendes Buch »Frame Analysis« (Rahmen-Analyse) veröffentlicht, das eine ganze Generation von Psychologen und Soziologen beeinflusst hat. Goffman zeigt auf, wie wir Wirklichkeitsrahmen konstruieren und damit manipulativ die Sichtweise – zum Beispiel von Kunden – verändern können.

Beispiel: Ein Mann tritt in unmittelbarer Nähe eines Hauptbahnhofes aus einem dunklen Hausflur, krempelt seinen Ärmel hoch und zeigt den Passanten zehn Rolex-Uhren.

Er bietet diese mit leiser Stimme und verschwörerischem Unterton für 20 Dollar pro Stück an. Und verkauft das »Diebesgut« reihenweise. Die Uhren heißen jedoch »Ralex« – sind also zum Verwechseln ähnliche Imitate (in den USA erlaubt). Dieser Verkäufer wird mehrmals von der Polizei überprüft, aber er hat eine offizielle Verkaufslizenz. Er tut so, als seien die Uhren gestohlen – und das ist nicht strafbar. Dieser Verkäufer ändert den Frame – den Wirklichkeitsrahmen – geschickt zu seinen Gunsten.

Als Student haben wir den Frame eines Sozialpsychologie-Professors experimentell verändert. Das »Opfer« – ein etwas schrulliger Professor –, aß in der Universitäts-Mensa in München regelmäßig zu Mittag.

Wir – drei Studenten der Psychologie im fortgeschrittenen Stadium – wussten, der Professor war so zerstreut, dass er uns von den Vorlesungen her bestimmt nicht erkannte.

Ich filmte das Experiment mit versteckter Kamera. Folgendes geschah: Eine Studentin setzte sich zu dem Professor, grüßte ihn herzlich und fragte: »Na, den letzten Abend gut überstanden?« Der Professor fragte unsicher: »Kennen wir uns?« Die Studentin antwortete augenzwinkernd: »Na, jetzt tu nicht so! War doch schön, der Abend!«

Der Professor aß hastig weiter, blickte unsicher immer wieder auf. Dann kam der zweite Student, der das Szenario wiederholte, den Professor duzte und nach seinem Befinden fragte. Jetzt stand der Professor hastig auf, lächelte wirr und verließ unsicher umherblickend, schnellen Schrittes die Mensa. So leicht lässt sich ein Wirklichkeits-Frame verändern!

Auch Kinofilme haben ihre jeweiligen spezifischen Frames, die uns Sicherheit geben.

So bricht sich in James-Bond-Filmen »Agent 007« niemals die Knochen, und die erste Affäre findet mit einer »bösen« Gegenspielerin statt, die im Laufe des Films zu sterben hat. Für die »gute« Partnerin muss James zuerst die Welt retten, bevor er – im Abspann – sich dem erotischen Vergnügen hingeben darf. Und: James hat mit Miss Moneypenny zwar einen leicht verbalerotischen Kommunikationsstil, der aber niemals in die Praxis umgesetzt wird.

Im Film »Stirb an einem anderen Tag« gibt es jedoch einen plötzlichen Rahmenbruch:

James küsst Miss Moneypenny, räumt mit der Linken den Schreibtisch ab und beugt sich küssend über sie. Doch dann kommt die Auflösung des scheinbaren Rahmenbruchs:

Die Stimme von »Q« (dem Erfinder-Ingenieur) tönt aus dem Off: »Miss Moneypenny, was machen Sie da?« Und siehe da: Moneypenny ist alleine – sie hat nur eine neue Erfindung von Q ausprobiert: eine Brille, die ihre Fantasien real erscheinen lässt.

Damit wurde der Frame wieder hergestellt.

Wirklichkeitsveränderungen erregen unsere Aufmerksamkeit und aktivieren (durch Dopamin-Ausschüttung) Wachheitsprozesse im Gehirn. Als in einem Conversations-Course die Englisch-Lehrerin plötzlich und unvermittelt Messer und Gabeln austeilte – es war neun Uhr morgens –, waren wir auf einmal wieder hellwach. Unsere Lehrerin wollte einfach nur wissen, wie wir Deutschen das Besteck halten, wenn wir Steaks schneiden!

Auch die Psychotherapie lebt von korrigierenden Rahmenveränderungen. Wunder-Fragen helfen oft dabei, einen heilenden Rahmen zu imaginieren (»Was wäre, wenn Ihr Problem plötzlich gelöst wäre – wären Sie dann glücklich und zufrieden?«). Eine Klientin, die immer über ihren Mann schimpfte, sich als Opfer fühlte und »sich so gerne scheiden lassen würde« (»aber ich schaff das nicht«), antwortete auf meine Frage »Stellen Sie sich vor, Sie hätten es geschafft und Sie wären endlich geschieden – wie ginge es Ihnen dann?« mit abwehrender Geste und den Worten: »Nein – so leicht kommt er mir nicht davon!« Hier sieht man den verdeckten Gewinn eines Opferrollen-Frame (und den darunter verborgenen Machtkampf).

Da Wirklichkeitsrahmen in ihrer sinnhaften Bedeutung verändert werden können, ist es möglich, auch vergangene schlimme Erfahrungen zu »reframen«, also umzudeuten.

Der Satz »Es ist nie zu spät für eine gute Kindheit« beinhaltet, dass frühere Leiderfahrungen in positive Lebenserfahrungen transformiert werden können. Dabei geht es nicht darum, vergangenes Leid zu leugnen, sondern aus überwindbarem Leid neue Lebenstiefe und neuen Mut zu schöpfen.

Ein Beispiel dafür, wie aus tiefem Leid neuer Lebensmut entstehen kann:

Eine junge Mutter hatte ihre fünfjährige Tochter durch einen Verkehrsunfall verloren und war in tiefer Trauer versunken. Noch zwei Jahre nach dem Unfall blieb das Kinderzimmer genauso wie zum Todeszeitpunkt: Wenn die Mutter das Kinderzimmer sauber machte, stellte sie anschließend die Kinderschuhe genauso unordentlich hin wie zuvor. Nach einjähriger Therapie war es vorsichtig möglich, dieses ritualisierte Festhalten zum Thema zu machen. Für den Trauerprozess stand es an, dass diese Frau Freiraum und Abstand zu den persönlichen Sachen ihrer Tochter allmählich vergrößerte – und das Zimmer endlich freigab. Als ihr das gelang, konnte sie die Kindersachen einem guten Zweck spenden – anschließend wechselte sie auch noch Wohnung und Wohnort.

Danach gründete sie eine Selbsthilfegruppe für verwaiste Eltern. Aufgrund ihrer eigenen tiefen Leiderfahrung konnte sie jetzt anderen Betroffenen helfen und ihnen Trost und Verständnis geben. Damit gelang es ihr, aus einem »Minus« ein sinnvolles »Plus« zu machen.

7.2 Die Teilpersönlichkeiten der Psychosynthese

Wirklichkeitsdeutungen sind also subjektiv. Wir haben gesehen, wie Perspektiven und Sinnhorizonte beeinflusst und verändert werden können.

Der italienische Psychologe Roberto Assagioli (1888–1974) untersuchte die Kräfte der verschiedenen Persönlichkeitsanteile, die uns daran hindern, mit freiem Willen konstruktiv und sinnvoll zu leben. Die Psychosynthese möchte die unterschiedlichen Rollen und Wirklichkeitsdeutungen in einer Person wieder zu einem stimmigen Ganzen integrieren. »Werde, was du bist« ist daher der Leitspruch der Psychosynthese, die dem Grundpessimismus der damaligen Psychoanalyse eine Betonung des Hierseins und des freien Willens gegenüberstellte. Denn wird ein Teil unseres Seins auf Kosten anderer Teile stärker entwickelt, erhält er eine Macht, die sich gegen das ganzheitliche Selbst wenden kann. Andere Anteile von uns werden dann zu wenig beachtet und verkümmern.

Beispiel: Der typische Helfer – das Wahrnehmen eigener Bedürfnisse verkümmert und der Sinn des eigenen Lebens wird nur mehr rigide über Leistung und Beruf definiert.

Es gibt viele Teilpersönlichkeiten (Rollen) in uns, die unterschiedlich mit Energie geladen sind. Manche melden sich täglich oder stündlich, manche eher selten. Manche trauen sich gar nicht mehr (Schatten), was zu Rebellion im Hintergrund und zum Abschneiden wichtiger vitaler Lebensbereiche führen kann.

Teilpersönlichkeiten können auch in Konkurrenz zueinander stehen und Spannungen erzeugen. Die Teilpersönlichkeiten haben keinen Gesamtüberblick, denn nur ein freies und kongruentes Selbst kann den Überblick wahren. Ein gesundes Selbst »... ist der Regisseur, die Teilpersönlichkeiten sind die Schauspieler« (Assagioli).

Wenn wir uns ganz mit einer Rolle identifizieren, sind wir nicht wirklich wir selbst – wir werden gelebt: Wünsche werden zu zwanghaftem Verhalten, Meinungen zu Vorurteilen und Rollen zu Masken (im Werte-Rechteck: von der Plus-Ausprägung ins Minus – in die entwertende Übertreibung). Zum Kennenlernen einer Teilpersönlichkeit ist es in der Psychosynthese wichtig, ihr einen Namen zu geben und ihre Wünsche und Bedürfnisse, Stärken und Schwächen wahrzunehmen.

Schema der Teilpersönlichkeiten in der Psychosynthese*

Problematisch und historisch veraltet

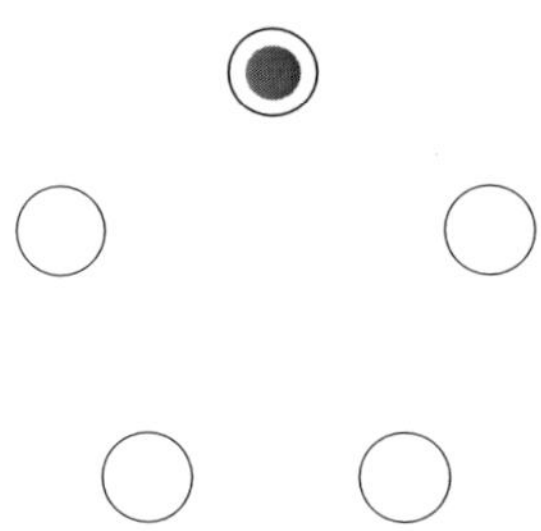

Die leeren Kreise stellen Bewusstseinsinhalte und Rollen dar: Der Punkt gibt das Selbst an, welches dauernd und vollständig in einer bestimmten Identifikation gebunden ist. (»blau« bei Spiral Dynamics)

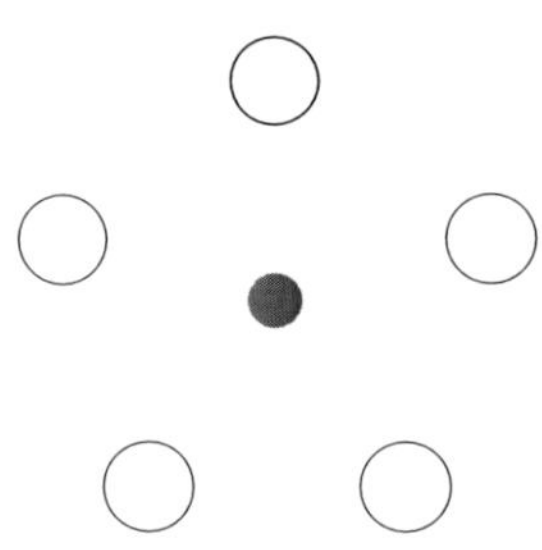

Doch es ist dringend erforderlich, das Selbst als Bewusstsein wahrzunehmen, das von jeglicher Rolle unterschieden ist.
Dadurch erhält das Selbst freie und umfassende Sicht auf die wechselnden Rollen der Persönlichkeit.

*Die Kreisgrafiken stammen von Ferrucci.

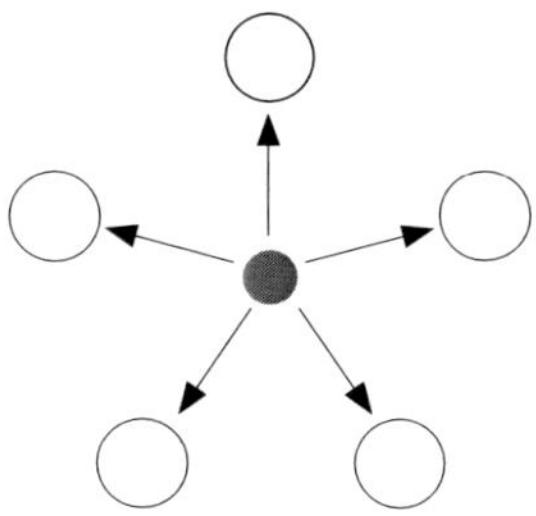

Im Konzept der Psychosynthese ist das Selbst der Regisseur, der das ganze »Schauspiel« fachmännisch inszeniert (»orange« bei Spiral Dynamics) und die »Schauspieler« mit Einfühlungsvermögen zur rechten Zeit am rechten Ort flexibel einsetzt.

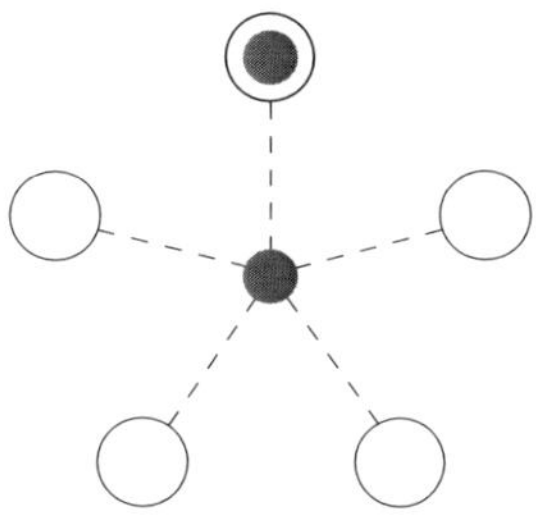

Vom Selbst herkommend ist nun der Schritt in die Identifikation mit irgendeinem Persönlichkeitsinhalt jederzeit vollziehbar – das persönliche Selbst ist mehr als die gerade eingenommene Rolle.
Das Selbst ist jetzt fähig, mit Rollenanforderungen flexibel umzugehen und sich als einmalige Persönlichkeit hinter allen Rollen wahrzunehmen
(erstes »Gelb«).

Übung: Teilpersönlichkeiten

Bitte notieren Sie: Welche Rollen haben Sie in den letzten zwei Wochen gelebt?
Benennen Sie diese – auch durchaus »übertrieben« *(z.B.: Mutter, Geliebte, Finanzplanerin, Spirituelle Sucherin, Autofahrerin, Psychologin, Sinn-Sucherin, Lernende usw.)*

Beantworten Sie anschließend folgende drei Fragen:

- Was war mir an der Person und dem, was sie erlebt hat, wichtig?
- Was mag ich an ihr? – Woran hindert sie mich?
- Gibt es eine(n) Gegenspieler(in) – wenn ja, welche Eigenschaften hat er / sie?

(Anmerkung: Gegenspieler meint – wie im Werte-Rechteck – den schattigen Gegenpol, also z.B. bei »Mutter« eine Frau, die keine Kinder möchte und ihr Leben genießt. Können Sie darin nicht nur Negatives (= dunkler Schatten) sehen, sondern auch Positives, für Sie derzeit allerdings nicht Lebbares?)

Wir leben heute in einer Zeit mit schnellen Rollenwechseln.

Ein k. und k. Offizier von 1850 war noch von einer (tief*blauen*) Rollenidentität geprägt – mit hohem Ehrenkodex, selbst als Privatperson.

Heute wäre dieser Mensch ein Unikum – er würde schnell mit dem Gesetz in Konflikt kommen, wenn er bei einem ihn nicht würdig behandelnden Verkehrsteilnehmer Satisfaktion einforderte, um seine Ehre im Duell wiederherzustellen.

(Auch wenn dies bei manchen modernen Zeitgenossen in aggressivem Verkehrsverhalten immer noch auftaucht.)

Umgekehrt wären auch wir vor 150 Jahren schnell mit einem alten Ehrenkodex konfrontiert, da wir offen unsere Meinung und unser Missfallen gegenüber bestimmten Personen äußern würden – und uns über mangelnde Aufforderungen zum Duell sicher nicht beklagen könnten!

Assagiolis Satz »Ich bin mehr als meine verschiedenen Teilpersönlichkeiten« und Gendlins Satz »Ich habe ein Problem, aber ich bin nicht mein Problem« zeigen auf, dass sowohl die Psychosynthese wie auch Focusing der Präsenz, der Vorstellung und Erfahrung von Identität eine zentrale Bedeutung beimessen.

Das Erkennen und Entwickeln eines Selbst, das unabhängig von seinen verschiedenen Rollen existiert, führt zu größerer Freiheit, Transzendenz, zu weltoffenem und flexiblem Rollenverhalten – und damit letztendlich zu integralem Bewusstsein.

> Scheich Ragip, ein Sufi-Meister, betont eine Aussage von C. G. Jung, der gesagt hat: »Das Problem mit den individualisierten Rollen-Egos ist, dass sie sich immer so wichtig nehmen möchten. Daher sollte man sich sagen: Wachst ruhig, aber macht euch nicht so wichtig! Denn es gibt mein größeres Selbst, das mehr ist als alle individualisierten Rollen. Vielleicht sehe ich das jetzt im Moment noch nicht ganz klar, aber ich werde mich am Ende damit verbinden!«

7.3 Kulturelle Einflüsse in der perspektivischen Wahrnehmung

Junge Amerikaner, die nach dem Zweiten Weltkrieg in England stationiert waren, erlebten junge Engländerinnen als sehr prüde, aber dann – nach dem ersten Kuss – als unglaublich forsch und sexistisch.

Umgekehrt erlebten die Engländerinnen die Amerikaner als sehr zudringlich, aber nach dem ersten Kuss dann als erstaunlich »lahm« und zurückhaltend.

Hier kommt es zu einer Aufschaukelung zweier unterschiedlicher persönlicher (und kultureller) Frames: Bei Amerikanern steht der erste Kuss beim Kennenlernen auf Stufe 5 der Kommunikationsskala. Bei Engländerinnen hingegen erst auf Stufe 25.

Das heißt, ein Amerikaner möchte seine Freundin sehr schnell küssen – quasi als Kennenlern-Ritual. Bis zu sexuellen Kontakten bedarf es allerdings mehr Zeit.

Und bei Engländerinnen dauert es sehr lange, bis sie küssen – dann allerdings ist der erotisch-sexuelle Reigen eröffnet.

Für den Religionsphilosophen Martin Buber ist bereits das Wort »Ich« unvollständig – er weist die Annahme zurück, »... dass das Ich so gegenstandsartig sei, dass wir es hätten, noch ehe wir Beziehungen haben«. Buber geht noch weiter: für ihn ist sogar das Unbewusste selbst nicht im, sondern *zwischen* den Menschen. Damit lehnt er die Annahme ab, »... dass das Unbewusste ein rätselhafter Bestandteil des Menschen sei, dem bestimmte Eigenschaften zugeschrieben werden könnten«. Unbewusstes wird kulturell definiert als etwas, was in einem bestimmten Kulturkreis so außerhalb der Normen liegt, dass es verdrängt werden muss.

Hierzu eine kleine Geschichte aus dem British Medical Journal 1983:

»Als moderne Missionare einige Evangelienbücher in Äthiopien zurückließen und viele Jahre später zurückkehrten, fanden sie nicht nur eine blühende Kirchengemeinde vor, sondern auch eine Gemeinschaft von Gläubigen, denen die Wunder, wie sie im Neuen Testament beschrieben werden, jeden Tag zustießen – denn es hatte keine Missionare gegeben, die ihnen beigebracht hatten, dass diese Dinge nicht wörtlich zu nehmen seien.«

Der systemtherapeutische Ansatz in der Therapie

Systemisches Denken hat in den letzten Jahrzehnten sowohl im Bereich der therapeutischen und beratenden Arbeit mit Paaren, Familien und Organisationen als auch in vielen anderen Wissenschaftsbereichen zunehmend an Bedeutung gewonnen.

Das Handeln und das Verhalten eines Menschen sowie auch mögliche psychische Störungen werden nicht mehr allein in seiner Biografie begründet gesehen, sondern als Ergebnis eines ständigen Austausches zwischen Individuum und System. Einseitige Schuldzuweisungen werden damit erschwert.

Systemisches Denken ist heute hochdifferenziert ausgearbeitet und stellt das wichtigste theoretische und praktische Handwerkszeug für ein Verstehen und Bewältigen zunehmend komplex-vernetzter (»*gelber*«) globaler Problemfelder dar.

Im Rahmen dieser Publikation über integrale Psychologie wenden wir uns nun einem psychologischen Aspekt aus dem weiten Feld systemischen Denkens zu: der verbal-kognitiven Methode des zirkulären Fragens. Diese Art des Fragens hat zum Ziel, dem Klienten zu helfen, Alternativen zu seiner Sicht und zu seinem Verhalten in Bezug auf seine Lebensbewältigung zu finden.

Ein gutes Beispiel hierfür liefert die systemische Familienrekonstruktion von Virginia Satir, die in Kurzform im Folgenden dargestellt wird.

Familientherapie nach Virginia Satir

Der Ansatz Virginia Satirs geht davon aus, dass in jedem Familiensystem alle notwendigen Ressourcen zur Überwindung eines Problems vorhanden sind. Mit zirkulären Fragen und verstehender Perspektiverweiterung können Erstarrungen und Verfestigungen gelöst werden, und im Beziehungssystem Familie findet eine Selbstregulation über »Aushandeln« statt. Lösungen beruhen auf Einsicht und auf Bewusstwerden, sodass die einzelnen Familienmitglieder notwendige Entwicklungsschritte vollziehen und Verantwortung übernehmen können. Verfestigte Muster und Konzepte können damit gelockert und aufgelöst werden.

Die fünf Freiheiten des Menschen – nach Virginia Satir

Sehen und hören, was wirklich ist, nicht, was sein sollte.

Sagen, was ich denke, nicht, was ich denken sollte.

Fühlen, was ich wirklich fühle, nicht, was ich fühlen sollte.

Fordern, was ich möchte, ohne immer erst auf Erlaubnis zu warten.

Risiken eingehen, ohne mich immer erst abzusichern.

Systemisches Denken und Focusing

Im Focusing richtet man den Blick auf die Wahrnehmung, die der Einzelne in Bezug auf sein Thema aufweist. Der systemische Blickwinkel kann dabei helfen, nicht mehr nur auf Themen, auch nicht nur auf die eigenen Empfindungen individuell einzugehen, sondern tieferliegende Zusammenhänge zu beachten, um zu neuen, genaueren Thematisierungen zu gelangen.

Wenn sich zum Beispiel die Kinder in einer Familie häufig streiten und der Vater oder die Mutter darüber spricht, so können wir systemisch fragen: Schützt der Streit der Kinder eventuell die Eltern vor Streit oder streiten die Kinder für die Eltern oder streiten die Kinder, weil die Eltern sich nicht streiten? Und so fort.

Die Hauptaufgabe eines systemischen Vorgehens in der Psychotherapie ist das Wiederaufdecken übersehener oder vergessener Verhaltensalternativen.

Systemisches Arbeiten ist psychologisch immer dann hilfreich, wenn mehrere Personen in die Problematik des Klienten involviert sind.

Auch als Einzelner kann man systemisch arbeiten, zum Beispiel durch Aufzeichnung eines Psychogrammes – also durch Kreise, die einzelne Personen repräsentieren. Besser, weil beweglicher, sind Elemente wie zum Beispiel Teelichter, mit denen man seine Familie aufstellen und verändern kann.

In innerer Achtsamkeit können wir auch eine Fantasiereise in die frühe Kindheit unternehmen, uns zum Beispiel an eine Situation erinnern, in der wir an einem Sonntag beim gemeinsamen Essen mit der Familie am Tisch saßen: Wo saßen die Geschwister, wie blickten sich Vater und Mutter an, was passierte, wenn das Kind sich daneben benahm, nicht aufaß oder etwas verschüttete?

Welcher Satz taucht jetzt auf, den man damals nicht sagen konnte, der aber jetzt aus dem inneren Felt Sense (= gefühlte Bedeutung) heraus entstehen möchte?

7.4 Quantische Information und vororganisierte Erfahrung (Felt Sense)

Der Freud-Schüler und Psychoanalytiker Wilhelm Reich erkannte schon in den Zwanzigerjahren des letzten Jahrhunderts, dass das, was lebendige Systeme ausmacht, nicht allein mit klassisch-physikalischer Energie begründbar ist. Er fand eine eigenständige organismische Energie, die er Orgon-Energie nannte. Dem entspricht Prana oder Kundalini (in Indien) oder Chi (in China).

Schon Physiker wie Max Planck stellten fest: Es gibt keine Materie, sondern nur ein Gewebe von Energien. Werner Heisenberg postulierte: Die übliche Teilung der Welt in Subjekt und Objekt, Innenwelt und Außenwelt, Körper und Seele ist nicht mehr angemessen.

Neue Erkenntnisse weisen nach, dass das Universum in allen Teilen aufeinander bezogen und untrennbar ist. So nimmt David Bohm aufgrund der nichtlokalen Zusammenhänge in der Quantenphysik eine »implizite« oder »eingefaltete« Ordnung an, in der die Verknüpfungen des Ganzen nichts mit der Lokalität in Raum und Zeit zu tun haben.

Diese implizite (= eingefaltete) Ordnung besteht aus vororganisierter, nicht manifester Energie, in der unendliche Möglichkeiten enthalten sind (wie im Focusing-Felt-Sense).

Fritjof Capra hat schon vor 30 Jahren auf die erstaunlichen Parallelen zwischen dem Weltverständnis der Quantenphysik und den Weltanschauungen des östlichen Kulturkreises hingewiesen. Der Physiker Thomas Görnitz und die Psychologin Brigitte Görnitz bieten in ihrem Buch »Der kreative Prozess« eine Erklärungsmatrix für Leben und Bewusstsein an, wobei sie die auffälligen Gemeinsamkeiten von Bioenergie, Quantenphysik und östlichen Energiebegriffen (Chi, Prana) betonen.

Im integralen Denken wird heute die Sprache immer »offener«. Sowohl die Quantenphysik wie auch die Spiritualität wissen, dass die Art der Fragestellung immer schon eine »falsche« Antwort impliziert. Die Welt ist nach Hans-Peter Dürr noch unendlich viel offener und reicher als die Quantenphysik.

Wenn Sie ein Gemälde immer genauer betrachten, landen Sie letztendlich bei den einzelnen Farbpixeln, die Sie dann noch weiter spektralanalytisch analysieren können. Nur: Je exakter Sie vorgehen, umso mehr verlieren Sie die Schönheit und Aussagekraft des ganzen Bildes aus den Augen.

> Und wenn Sie immer weiter differenzieren, dann landen Sie bei der philosophischen »Theory of Everything« von Ken Wilber (der auf 100 Textseiten 100 Seiten Fußnoten und 100 Seiten Anmerkungen beifügt, zum Beispiel in seinem Werk »Integrale Spiritualität«).

> Der alternative Nobelpreisträger und Quantenphysiker Hans-Peter Dürr meint hierzu (mündliche Mitteilung), dass ihm der »alte« Wilber besser als der »neue« gefalle, weil der »neue« jetzt in die Falle der exakten Wissenschaften tappe.
> Dürr: »Je exakter, umso mehr muss man isolieren«. Daher fordert er einen »Mut zur Unexaktheit«, denn die Welt ist noch unendlich viel offener als die Quantenphysik: mit jedem Gedanken wird das Universum größer.
> (Siehe dazu auch auf Website des Autors: www.integrales-focusing.com)

»Wirklichkeit« hängt immer davon ab, wie, wo, wie stark, mit welchem Körpergefühl und in welchem Beziehungskontext Wirklichkeitsrahmen (Frames) definiert und ideologisch in ein kulturelles Wertesystem integriert werden (siehe dazu Kapitel 2: Spiral Dynamics).

Zunehmend wichtiger werden daher empathisch-einschwingendes Zuhören und ein zur Verfügung gestellter offener Möglichkeitsraum für mehr Lebendigkeit und kreative Intuition. Denn: Eine feste Zukunft existiert nicht – sie wird durch uns permanent neu kreiert.

Nach so vielen intellektuellen Erkenntnissen über die subjektive Erfahrungsbedingtheit unserer Wahrnehmung möchte ich Ihnen zum Abschluss dieses Kapitels ein Märchen in etwas anderer Perspektive und einem anderen »Frame« vorstellen:

7.5 Zirkuläre Perspektiverweiterung

Das Märchen von Hänsel und Gretel – aus der Sicht der Hexe

> Es war einmal eine alte Hexe, die hatte ihr ganzes Leben lang gearbeitet, hatte gezaubert von früh bis spät, hatte gehext und war nun in das Alter gekommen, wo ihre Zauberkraft nachließ und ihre Kräfte langsam schwanden. Sie wurde aber nicht böse und giftig darüber wie andere Hexen, wenn sie so alt werden, sondern sagte sich:
>
> »Mit meiner Zauberkraft geht es zu Ende. Da will ich mir eine andere Beschäftigung suchen, damit ich nicht faulenzen muss und auf trübe Gedanken komme. Ich werde mein Haus zum schönsten Hexenhaus weit und breit machen!«
>
> Und schon am nächsten Tag begann sie, ihr Häuschen fein zu schmü-

cken. Auf die Dachziegel legte sie Lebkuchen, die Wände verkleidete sie mit Brot und Kuchen, verziert mit Mandeln und Nüssen, und ihre Glasfenster tauscht sie in neue ein, ganz aus weißem Zucker.

Eines Tages stand die Hexe gerade vor ihrem Backofen und wollte einen Lebkuchen backen, weil der Wind in der Nacht einen vom Dach geweht hatte, da war es ihr, als knuspere jemand an ihrem schönen Haus und breche ganze Stücke ab. Ängstlich rief sie:

»Knusper, knusper, kneuschen – wer knuspert an meinem Häuschen?«

Von draußen antwortete ein dünnes Stimmchen: »Der Wind, der Wind, das himmlische Kind!«

»Da bin ich aber beruhigt«, seufzte die Hexe erleichtert. »Es ist nur der Wind – und ich hatte schon Angst, jemand wolle mein Häuschen zerstören.«

Wie sie das gerade sagte, zersprang ihre schönste Fensterscheibe, an der sie drei Wochen gearbeitet hatte – ein Mädchen griff nach den Splittern und aß sie auf!

Vor dem Haus standen zwei Kinder, das Mädchen und ein Junge, und rissen Dachziegel herunter, um sie aufzuessen. Da war die Hexe traurig und wütend zugleich.

»Wer seid ihr?«, fragte sie. »Und warum zerstört ihr mein liebes Haus, an dem ich so lange gebaut habe?«

Die Kinder antworteten, sie hießen Hänsel und Gretel und hätten aus Hunger von dem Haus gegessen.

»Warum habt ihr aber gelogen und gesagt, ihr wäret der Wind?«, forschte die Alte weiter. »Hättet ihr an meine Tür geklopft und um Essen gebeten, so hätte ich es euch nicht verwehrt!«

Die Kinder schwiegen und senkten den Blick. Da verzieh ihnen die Hexe, führte sie herein und trug ihnen gutes Essen auf. Hernach wurden zwei schöne Bettlein gedeckt, und Hänsel und Gretel schliefen froh und friedlich ein.

Am nächsten Morgen gab sie den beiden eine leichte Arbeit zu tun und rührte den Teig an, denn sie wollte den Schaden an ihrem Haus wieder ausbessern. Aber der naschhafte Hänsel begann wieder, Lebkuchenstücke von dem Haus zu essen. Da wurde die Hexe zornig und zur Strafe – damit er nicht noch mehr Unheil anrichten konnte, sperrte sie ihn für eine Weile in einen Stall neben dem Haus.

Damit er es aber trotzdem gut hatte, fragte sie ihn oft durch das Gitter: »Bist du auch satt, bekommst du genügend zu essen? Streck deinen Finger heraus!«

Hänsel hatte viel zu essen bekommen, aber da er sehr gefräßig war, täuschte er die alte Frau, die schon nicht mehr richtig sehen konnte, streckte ein abgenagtes Knöchlein durch das Gitter und sagte mit kläglicher Stimme: »Meine Schwester gibt mir zu wenig – ich bin schon ganz mager.«

Die Alte sagte daraufhin zu Gretel: »Fürwahr, er ist ganz mager! Gretel, er muss mehr zu essen bekommen!« Die Gretel, die ein faules Mädchen war, maulte und sagte, sie könne nicht kochen.

»Dann musst du eben backen!« rief die Hexe und heizte den Backofen an, um für Hänsel ein großes Brot zu backen. Da gab ihr die arglistige Gretel von hinten einen Stoß, dass die Hexe weit hineinfuhr, machte die eiserne Tür zu, schob den Riegel vor, und die arme Alte musste elendiglich verbrennen.

Dann befreite das böse Mädchen Hänsel aus dem Stall, wo er seine Strafe absitzen sollte, und sie durchwühlten gemeinsam das ganze Hexenhaus. Sie fanden eine Kiste mit Perlen und Edelsteinen – ein Erbstück von dem Vater der Hexe, einem großen Hexenmeister. Die raubten die beiden Kinder, stopften sich die Taschen voll mit Schmuck und Geschmeide und liefen schnell aus dem Wald.

Und allen Leuten erzählten sie, die böse Hexe hätte sie aufessen wollen! Diese bösen Kinder!

(Idee und ausführliche Schilderung dieser Märchenvariante: Paul Maar)

Und nun überlegen Sie bitte, wie eine perspektivische Blickwinkel-Änderung unsere mediale Berichterstattung verändern würde, wenn sie aus der Sicht eines vor der europäischen Küste gestrandeten Bootflüchtlings erzählt würde. Oder Berichte über das »Nord-Süd-Gefälle« aus der Sicht eines Afrikaners – für den ist dieses »Gefälle« nämlich eine oft lebensgefährdende »mörderische Steigung«! Oder Griechenland / Spanien / Portugal aus der Sicht arbeitsloser Jugendlicher – nicht nur aus der Perspektive westlicher Finanz-Jongleure!

Zusammenfassung

In diesem Kapitel haben wir die Subjektivität der Wahrnehmung perspektivisch beleuchtet:

- wie Wirklichkeits-Rahmen verändert und manipuliert werden können
- wie zugeschriebene Rollen und Teilpersönlichkeiten unsere Sichtweise einschränken
- und wie die Quantenphysik unsere eingefahrenen kognitiven Denk- und Verhaltensmuster überwindet und uns hilft, eine neue integrale Sichtweise zu fördern.

Kapitel 8:
Avantgarde der Zukunft – neues Handeln und integrales Denken

Jetzt folgen konkrete Praxisbeispiele für integrales Denken und Handeln.

Sie lernen eine Friedensnobelpreisträgerin in Afrika kennen, einen ägyptischen Visionär, eine globale Dorfgemeinschaft in Baden-Württemberg und ungewohnte Thesen von Computer-Freak-Philosophen (»Nerds«):

Wangari Maathai hat es durch Wiederaufforstung in Kenia und geschickte Internet-Nutzung geschafft, einen Diktator zu stürzen. Sie erhielt den Friedensnobelpreis.

Ibrahim Abouleish hat seine Vision, die Wüste in fruchtbares Land zu verwandeln, in Ägypten realisiert und in der Nähe von Kairo ein ertragreiches Paradies geschaffen.

Eine Gruppe von zwanzig Menschen in Süddeutschland hat ihre Vision eines gemeinsamen Lebens in eine ökologisch nachhaltige, sozial gerechte und sinnerfüllte Daseinsform gebracht (»Tempelhof«).

Und eine rapide wachsende Gruppe von »Computer-Freaks« verdeutlicht uns die Chancen und Probleme von virtuellen Gemeinschaften.

8.1 Wangari Maathai: vom Pflanzen eines Baums zum Sturz des Diktators

Wangari Maathai (1940–2011)

Als Bauernmädchen wuchs Wangari in einer fruchtbaren Landschaft in Kenia auf – in einem traditionellen (»*purpur-blauen*«) Familien- und Stammesverband.

Da sie sehr gut in der Schule war, erhielt sie in den USA ein Kennedy-Stipendium in Biologie. Anschließend studierte sie in Gießen und München – dort erlebte sie Freiheit und weibliche und politische Anerkennung, die positiven Werte einer (»*orangefarbenen*«) aufstrebenden Wirtschaftsmacht.

Maathai kehrt nach Kenia zurück, als der Kolonialismus zu Ende war.

Aus dem landwirtschaftlich reichen ostafrikanischen Land war durch Kolonialismus und einer an Profit und Exporten orientierten Entwicklungspolitik tote Erde geworden. Die Engländer hatten Kenia während ihrer Herrschaft mit Monokulturen für Tee und Kaffee überzogen, Wälder abgeholzt und den Boden ausgelaugt. Zusätzlich entwaldeten sie Kenia während des Unabhängigkeitskrieges fast gänzlich, um den Kenianern ihre Lebensgrundlage zu nehmen.

Die Qualität der Böden nahm ab, ohne Wurzeln wurde die dünne Humusschicht vom Wind abgetragen und es gab immer weniger Feuerholz für die Armen zum Kochen und Heizen. Versteppung und Ausdehnung der Wüsten nahmen zu, das Grundwasser sank immer tiefer.

1975 pflanzt Maathai symbolisch einen ersten Baum. Daraus entstand die »Grüngürtel-Bewegung«. Heute pflanzen jeden Tag 10000de Frauen in 4000 kleinen Baumschulen Bäume – bis heute über 20 Millionen. Bäume wurden zum Hoffnungsträger für ein besseres Leben. Maathai: »Und plötzlich sind da ganz viele, die mit dir gehen – du bist nicht mehr alleine.« Und Maathai will das ganze Land »mit Bäumen neu verwurzeln«.

Sie wird die erste Professorin in ganz Afrika, erhält 1984 den alternativen Nobelpreis und 2004 den Friedensnobelpreis – »für ihren Einsatz für nachhaltige Entwicklung, Frieden und Demokratie« (Nobelpreis-Komitee).

Die ursprünglich *»grüne«* Bewegung wurde zunehmend politisch, als der Diktator Daniel arap Moi einen Park für Luxusvillen roden lassen will. Maathai spricht sich öffentlich gegen den Diktator aus – ein Eklat in Afrika – und verliert dadurch ihren Ehemann, Freunde und ihre Professur. Über das Internet (*»gelb«*) informiert Maathai nun die ganze Welt über diese kenianischen Missstände, worauf die ausländischen Investoren ihre zugesagten Gelder zurückziehen.

1992 hat die Green-Belt-Bewegung schon über 1 Million Mitglieder.

Als sich Maathai den Müttern inhaftierter Aktivisten in ihrem Hungerstreik anschließt, wird sie von Soldaten halb tot geprügelt. In ihrer Not entblößen die Mütter ihre Brüste und gehen offen auf die prügelnden Soldaten zu. Mit dieser traditionell-*»purpurnen«* Geste konfrontiert, senken die Soldaten beschämt ihre Waffen.

Nach elf Monaten Kirchenasyl und zunehmender internationaler medialer Aufmerksamkeit muss der Diktator schließlich einlenken. Die sanfte Kraft der Frauen und der geschickte Einsatz medialer internationaler Vernetzung siegten über den Polizeistaat.

Und alles begann mit dem Pflanzen eines Baumes!

2001 tritt arap Moi zurück, Maathai wird Umweltministerin. 2011 stirbt sie, 71-jährig, an Krebs.

8.2 SEKEM – die ägyptische Realisierung einer integralen Vision

Die Wüste lebendig machen – das ist eine uralte Vision, die schon die Sumerer und Babylonier hatten. Ein Mann hat diese Vision umgesetzt und in dreißig Jahren sechzig Kilometer nordöstlich von Kairo ein ökologisches Paradies geschaffen.

Ibrahim Abouleish, geboren 1937.
Quelle: SEKEM

Ibrahim Abouleish wuchs in Ägypten auf. Er hatte seinen »Auszug aus Ägypten« im Morgengrauen eines Wintertages 1956, als er heimlich von seinem traditionellen ägyptischen Elternhaus weglief: zuerst mit dem Zug von Kairo nach Alexandria, dann mit einem billigen Schiffsticket nach Neapel. Dann ging es weiter mit dem Zug über Rom und die Alpen bis ins österreichische Graz. Als es in den Alpen zu schneien begann, begriff er, auf welches Abenteuer in eine so gänzlich unbekannte andere Welt hinein er sich da eingelassen hatte.

In Graz studierte er technische Chemie, damit er seinem Vater – Leiter einer Seifenfabrik – später hilfreich zu Seite stehen könne. Doch als 1961 in Ägypten unter Nasser alles verstaatlicht und enteignet wurde, besaß sein Vater plötzlich nichts mehr. So studierte Abouleish weiter – Medizin – und promovierte in Österreich.

Zwanzig Jahre verbrachte Abouleish in Österreich und Deutschland und wurde Unternehmer, bevor er sich entschied, Europa wieder gegen die heiße ägyptische Wüste einzutauschen.

SEKEM (altägyptisch: Lebenskraft der Sonne) entstand mitten in der Wüste. Mit viel Idealismus, kaum Geld und mit der Unterstützung von Freunden fing Abouleish an, 70 bis 150 Meter tiefe Eisenrohre per Hand in den Wüstenboden zu treiben, bis endlich das ersehnte Nass sprudelte.

(Nasser hat mehrere hundert Millionen Euros in eine versuchte Bewässerung der Wüste investiert, dabei einen Großteil des Geldes buchstäblich »in den Sand gesetzt« – und der Rest »versickerte« in dunklen Kanälen.)

Da Kompost das Wundermittel für die Fruchtbarmachung der Wüste ist, ließ Abouleish eine Sennerin aus Deutschland mit Hunderten Kühen nach Ägypten kommen. So wurden der erste Kompost und Dung erzeugt, der Hunderten junger Bäume Nahrung bot.

Anschließend kultivierte Abouleish den Wüstenboden durch die früh gepflanzten Bäume und durch Gemüse- und Obstplantagen immer weiter. Schnell herrschte auf den ersten Feldern ein milderes Klima als in der Wüste drum herum. So wurde Feld für Feld in die Wüste gebaut.

Die biologisch-dynamische Landwirtschaft beutet die Erde nicht aus, sondern hinterlässt kommenden Generationen eine Erde in einer besseren Qualität, als man sie vorgefunden hat.

SEKEM perfektionierte ein Denken in Kreisläufen, um die Mikroorganismen zu vermehren. Zum Beispiel wurden Tausende von Marienkäfern importiert und gegen Blattläuse eingesetzt. Forschung und Kultivierung traditioneller Heilpflanzen führten zu einer Verbindung des kulturellen Wissensschatzes des alten Ägypten mit der modernen westlich-pharmakologischen Forschung.

Aus der fruchtbar gemachten Erde wuchsen nicht nur Pflanzen, sondern auch Ideen:

Bis heute sind Tausende von Arbeitsplätzen entstanden, eine Gemeinschaft ist gewachsen, Schulen und Krankenhäuser wurden gebaut. Abouleishs Vision ist Wirklichkeit geworden und wächst in der Realität einfach immer weiter.

SEKEM ist heute der größte biologisch-dynamische Markt außerhalb Europas, Amerikas und Japans. Zweitausend Menschen gehören derzeit zur SEKEM-Gemeinschaft, dreißigtausend weitere sind in enger Kooperation verbunden. Die Nachfrage zum Beispiel nach ökologisch angebauter Textilproduktion aus Baumwolle wächst derzeit weltweit so stark, dass sich die Belegschaft in diesem Sektor im letzten Jahr verdoppelt hat.

Inzwischen gibt es Kindergärten, eine Poliklinik mit zwanzig Fachärzten, die über vierzigtausend Menschen der Region ärztlich betreuen, Einrichtungen zur Erwachsenenbildung und seit 2013 auch eine eigene Universität.

Bohnen, Tomaten, Orangen – alles ökologisch angebaut – finden sich auf allen ägyptischen Märkten und in vielen Bioläden der westlichen Welt. Gemüse wird auf den eigenen Feldern und den inzwischen achthundertfünfzig angegliederten Farmen produziert.

Die ägyptische Regierung verzichtet seither auf das bisherige Ausbringen von 35 000 Tonnen Pestiziden pro Jahr.

2003 erhält Abouleish in Stockholm den Alternativen Nobelpreis – dafür, dass SEKEM wirtschaftlichen Erfolg mit sozialer und kultureller Entwicklung verbunden hat.

Die in den Krankenhäusern und Apotheken verwendeten Medikamente sind vorwiegend pflanzlich. Es werden laufend neue Produkte entwickelt, an denen sonst niemand arbeitet und die weitgehend frei von Nebenwirkungen sind. Auch die Gleichberechtigung der Frauen – ein »heißes Eisen« in islamischen Ländern – wurde durchgesetzt – durch Aufklärung über die Menschenrechte, gleichen Lohn und Bildungsförderung.

Damit diese neuen Wirtschaftsformen nicht in Widerspruch zum Koran geraten, begann Abouleish damit, die alten Koranschriften neu zu interpretieren:

Allah gebot den Menschen, die Balance von Mensch und Kosmos nicht zu zerstören – die Schöpfung zu achten ist somit auch etwas sehr Islamisches. Jeder Mensch hat für seine beschränkte Zeit auf dieser Erde eine Verantwortung. Solange Armut, Ausbeutung und Ungleichheit herrschen, gibt es für jeden – Moslem wie Christen – sehr viel zu tun.

Man muss Mut haben, als Einzelner die Welt verändern zu wollen. Doch es liegt an Ihnen – nicht an irgendwelchen anderen Leuten –, damit anzufangen!

Abouleish: »Diese neue Person in uns, das ist die Person, die Träume hat von einer besseren Zukunft für die gesamte Menschheit. Träume, die wahr werden sollen.«

> Wenn es einem einzigen Menschen gelingt, ohne finanziellen Rückhalt seine Vision von der Fruchtbarmachung der Wüste umzusetzen – wie viel leichter müsste es uns fallen, einfachere, »kleinere« Visionen zu verwirklichen.

8.3 Zukunftswerkstatt Tempelhof – neue Gemeinschaftsbildungen im »*grün-gelben*« Bereich

Zwanzig Menschen in Süddeutschland haben drei Jahre lang an einer Vision vom gemeinsamen Leben gearbeitet und über eine ökologisch nachhaltige, sozial gerechte und sinnerfüllte menschliche Daseinsform nachgedacht.

Mit dem Projekt »Tempelhof« – einer aufgelassenen evangelischen Siedlung – wurde Anfang des Jahres 2010 ein geeignetes Objekt für die Umsetzung dieser Vision gefunden. Im Dezember 2010 wurde das Dorf mit Wohn- und Arbeitsmöglichkeiten für einhundertfünfzig Menschen gekauft. Innerhalb kurzer Zeit erweiterte sich die Projektgruppe auf eine Gemeinschaft von derzeit fünfundachtzig Erwachsenen und dreißig Kindern.

Das Dorf wurde von der Stiftung gekauft, an die Genossenschaft verpachtet und so jeglicher künftigen Bodenspekulation entzogen. Heute gibt es bereits zwei Großküchen auf dem Gelände, ein Seminar- und Gästehaus, Werkstätten und eine Mehrzweckhalle mit Bühne. 2012 wurden die ersten energetisch nachhaltigen Neubauten für zwanzig Erwachsene und fünfzehn Kinder errichtet.

Derzeit wird über die Gründung einer eigenen freien Schule nachgedacht, die das ganze Dorf mit allen Bewohnern zur Lebensschule machen soll. Es gibt vielfältige Seminar- und Veranstaltungsangebote mit den Schwerpunkten Gemeinschafts-, Kommunikations- und Persönlichkeitsentwicklung. Fünfzig Gäste und Interessenten können dafür bereits in dem genossenschaftlichen Gästehaus einquartiert werden.

Tempelhof lädt zudem nachhaltig orientierte Unternehmen ein, sich in ihrem Umfeld anzusiedeln, und bietet deren Mitarbeitern einen Wohnraum mit Waldkindergarten, biologischer Kantine und vielfältigen sozialen, kulturellen und geistigen Angeboten. So sollen solidarische Betriebe in eine wachsende lebendige Gemeinschaftskultur eingebunden werden. Gesundheits-, Pflege- und Lebensabendkonzepte, Kindergarten und Schulprojekte sind gerade im Entstehen. Zusammen mit der ökologischen Landwirtschaft, der autarken Energieversorgung, Kunst und Handwerk ist dieser »erfundene Ort« dabei, zu »etwas wunderbar Unmöglichem« zu werden – zu einem »schwäbischen Hightech-Kibbuz« (Süddeutsche Zeitung, 23. November 2012).

Das Dorf will – so Agnes Schuster, Mitbegründerin von Tempelhof – mit seinen Ideen anstecken. Es ist kein Reservat für Aussteiger, kein Öko-Dorf wie zum Beispiel »Sieben Linden« in Brandenburg – wo Haustiere und nicht-biologische Körperpflege ebenso verboten sind wie Handys – und auch kein Auroville, das von einen Guru geleitet wird.

Die Zukunftswerkstatt Tempelhof kann heute als Pionier für anstehende gesellschaftliche Prozesse der Neuorientierung betrachtet werden.

Agnes Schuster sagt hierzu: »Die Gegenwart ruft genau nach dem, was wir tun: Die eigene Sehnsucht als Chance zu begreifen und Herzensmut zu entwickeln – für sich, für ein gelebtes ›Wir‹ und für unsere Erde. Tempelhof lädt Sie herzlich dazu ein, mitzuwirken.«

Mit Ritualen wird die Verbundenheit zwischen den Dorfbewohnern gestärkt – wie beim wöchentlichen Meeting des ganzes Dorfes, von dem niemand so genau weiß, wie viele Bewohner es gerade hat, weil es von Monat zu Monat wächst. Dieses Dorf hat nicht nur Ziegen und Hühner, eine Käserei, Bäckerei, Imkerei und einen Waldkindergarten, sondern auch eine Schreinerei, Schneiderei,

Schlosser-und Fahrradwerkstatt sowie ein Glasfasernetz mit eigenem Server und ein Labor, in dem Forscher mit Wasserstofftrennung experimentieren und über Biomeiler nachdenken, um ohne Verbrennung Strom und Wärmeenergie zu erzeugen. 2013 folgen eine freie Schule und ein Hospiz. Auch schwer erziehbare Jugendliche wurden bereits erfolgreich in die Gemeinschaft integriert (Motto: »Ritual statt Ritalin«). Jeden Monat werden Informationstage veranstaltet – ins »World-Kaffee« bringen traditionelle Bäuerinnen aus den umliegenden Gemeinden ihre selbstgebackenen Kuchen mit und diskutieren gemeinsam über ökologische und soziale Probleme. Tempelhof gilt heute als Modell für viele, die nach Alternativen zu einem Leben in der Kleinfamilie suchen. Interessierte aus Japan, den USA und vielen anderen Ländern besuchen dieses Zukunfts-Dorf, wollen davon lernen und als Muster für ein eigenes Dorf irgendwo anders in Europa und in der Welt nutzen.

Welche Gemeinschafts-Sehnsüchte haben Sie?

Können Sie sich vorstellen, in einem Mehrfamilienhaus zu leben, mit Freunden in einer modernen WG oder vielleicht im Alter in einem gemeinschaftlich genutzten Bauernhof? Oder allein (aber nicht einsam), mit guten persönlichen und elektronischen Kontakten zu Freunden und Verwandten?

8.4 Der fantastische Mensch – der »Nerd« als soziale Figur – vom (»*orangefarbenen*«) Computerfreak zu virtuellem (»*gelbem*«) Gemeinschaftsdenken

Die virtuelle Welt ist der größte Wachstumsmarkt aller Zeiten. Technik beschleunigt diese Evolution immer rascher. Nach dem Moorschen Gesetz verdoppelt sich die Rechnerkapazität derzeit im Mittel alle achtzehn Monate. Gleichzeitig wächst aber die Leistung der Computer dazu exponentiell.

Die elektronische Evolution eröffnet uns bisher ungeahnte Kommunikationsmöglichkeiten und zeigt weltweit neue Wege und Handlungsmöglichkeiten auf. Aber sie kann auch einzelne Menschenleben wie ganze Gesellschaften aus dem Gleichgewicht bringen – wenn es nicht gelingt, unsere egozentrisch-individualistische Weltsicht (»*orange*«) in eine humane (»*grüne*«) und integrative (»*gelbe*«) Sichtweise hinein weiterzuentwickeln.

Die virtuelle Welt zeigt jetzt ihren Januskopf:

Zum einen fördern Skype, Facebook und transnationale Chatrooms die globale Kommunikation in bisher nicht gekanntem Ausmaß. Die Möglichkeiten einer Simulation von Wirklichkeit werden sinnvoll und hilfreich genutzt – angehende Piloten lernen den Landeanflug einer (virtuellen) Verkehrsmaschine, Medizinstudenten operieren am offenen Herzen und Architekten entwerfen Stadtviertel, die multifaktoriell ökonomische, ökologische und integrative Bedürfnisse berücksichtigen.

Zum anderen wird die »Virtual Reality« aber auch als Flucht aus der alltäglichen Wirklichkeit benutzt. So sitzen viele Jugendliche bis zu acht Stunden täglich vor Computer und Spiele-Konsole, und der tägliche Fernsehkonsum eines durchschnittlichen Erwachsenen beträgt in Deutschland derzeit über vier Stunden (in den USA sechs Stunden). Inhaltliche und sprachliche Kompetenzen verflachen – die zunehmende Verwendung einfachster Worte, Abkürzungen und die reduzierte Grammatik und Syntax in der virtuellen Kommunikation zeigen dies augenfällig.

Und das brisante Thema des Daten-Missbrauchs wird häufig viel zu wenig beachtet.

Kurze Selbstbesinnung: Ihr eigener Umgang mit dem Computer – wie gehen Sie persönlich mit den Chancen und Risiken der virtuellen Kommunikation um?

Bitte fokussieren Sie folgende Fragen:

Wie stark wird mein derzeitiges Leben durch meine Interaktionen im Netz bereichert?

Kommen andere Tätigkeiten (Sport, Geselligkeit, Lesen, spazieren gehen oder »groß- / kleinstädtisches zweckfreies Flanieren«) durch meine Computer-Aktivitäten zu kurz?

Wie intensiv fühle ich mich mit anderen Menschen – persönlich oder in der virtuellen Welt – verbunden?

Wie viel lerne und kommuniziere ich – im realen Leben und / oder mithilfe der elektronischen Medien?

Schlagworte wie »digitale Demenz« und eine Flut von Medienberichten heben immer neue Gefährdungen in den Fokus der Aufmerksamkeit: wir werden ausspioniert, in Abo-Fallen gelockt, unsere Kinder werden pornografisch belästigt, Wir verarmen sozial und entfremden uns zunehmend der wirklichen Realität.

Die positiven Aspekte der digitalen Kommunikation – demokratischer Wissenszugang für jedermann, Einbindung von Ausgegrenzten, Teilhabe an einer weltweiten Community, bei der Schul- und Berufsabschlüsse keine Rolle spielen, und globalisierte Informationsmöglichkeiten, die Diktaturen stürzen und den Ruf nach Menschenrechten transnational verbreiten, werden in den Boulevardmedien wesentlich weniger publiziert (durch Angst und Panik machende Berichterstattung lässt sich die Auflage einfach besser steigern).

Hinter der gesamten Thematik – virtuelle Realität versus Wirklichkeit – liegt eine tiefere Sinnfrage: *Was ist eigentlich Wirklichkeit? Wie wirklich ist die Wirklichkeit?*

Träume, Fantasien, Märchen, unsere Visionen und Utopien von einer anderen, besseren Welt – unsere sogenannte Wirklichkeit ist von potenziellen Möglichkeitsräumen unterschiedlichster Art durchdrungen. Kunst, Theater, Literatur – sind diese Bereiche »real«?

Schon Platon hat in seinem berühmten Höhlengleichnis aufgezeigt, dass wir Menschen die Dinge nicht so sehen, wie sie wirklich sind. So, als säßen wir in einer Höhle und würden – mit dem Rücken zum Eingang der Höhle – nur die Schattenprojektionen des hereinfallenden Lichts an den Felsenwänden wahrnehmen – und diese Schattenprojektionen für die Wirklichkeit halten. Platon fordert uns daher auf, uns vor allem zuerst einmal umzudrehen und uns der wirklichen Sonne und dem wirklichen Licht zuzuwenden. Erst dann können wir die Täuschung erkennen.

Was wir wahrnehmen, ist nicht unbedingt wirklich – wir Menschen nehmen die Wirklichkeit zumeist verschleiert wahr. Doch indem wir ein tugendhaftes Leben führen und nach wirklicher Erkenntnis streben, können wir – so Platon

– uns der Wahrheit immer mehr annähern. Die Überwindung der eigenen subjektiven Ego-Perspektive und der Verblendung durch die eigenen Leidenschaften ist dafür Voraussetzung.

Was wir wahrnehmen, ist also nicht unbedingt wahr und wirklich (siehe Kapitel 7). Darauf haben alle großen spirituellen LehrerInnen wie Jesus, Buddha und unzählige »erwachte« Menschen immer wieder hingewiesen: *Ich bin der, der wahrnimmt, doch selbst nicht wahrgenommen werden kann.* Das ist der Kern aller Weisheitslehren und Philosophien.

Daraus folgt, dass auch die virtuelle Realität tiefere Einsichten bringen und unsere Sichtweisen erweitern kann, dass aber auch die scheinbar unbegrenzten Möglichkeiten der Virtual Reality dem wirklichen, unbegreifbaren Sein des »*Ich bin*« niemals etwas wirklich substanziell Neues hinzufügen können.

Doch kehren wir zurück zur aktuellen gesellschaftlichen Wirklichkeit:

Derzeit wächst eine neue soziale Gruppierung exponentiell heran: die NERDS.

Das Internet gibt es seit 1990 – bereits zehn Jahre später bloggen und twittern »Digital Natives« oder »Nerds« online und weltweit vernetzt.

Wortbedeutung: »Nerd« heißt im angelsächsischen »Langweiler, Sonderling, Streber« – ein Begriff, der seit 2010 zunehmend für in Computer vertiefte Menschen steht. Oft mit überdurchschnittlichem IQ als begleitende Eigenschaft genannt.

»Nerd« als ursprünglich negativ besetzter Begriff hat sich unter Computerfreunden zu einer selbstironisch-positiven Eigenschaftsbezeichnung gewandelt. Es gibt also zwei Varianten: allgemein ist »Nerd« eher abwertend gemeint, die Betroffenen selbst verstehen diesen Begriff hingegen als Auszeichnung. Der Begriff ist wahrscheinlich von »Northern Electric Research and Development« (heute: Nortel Networks) abgeleitet – die Arbeitsmonturen der Angestellten waren mit dem Schriftzug N. E. R. D. versehen.

Nerds interessieren sich sehr für die Raumfahrttechnik, zum Beispiel für die derzeitige Mars-Mission. Die Science-Fiction-Literatur der Neunzigerjahre wird von den Nerds als eine erste wichtige Erweiterung der Realität gewürdigt, deren farbstufig tief *orange*-gebundene Bewusstseins-Strukturen von ihnen allerdings noch nicht genügend erkannt werden.

Auf Internet-Plattformen werden sogenannte »Meme« generiert, also sich selbst differenzierende und weiterentwickelnde sinnhafte Bedeutungen. Meme funktionieren komplett entpersonalisiert – die Texte auf dieser Plattform stammen von unterschiedlichen Autoren, die als solche nicht mehr erkennbar sind (»gelb«-vernetzte Kommunikationsformen).

Nerd-Philosophen argumentieren folgendermaßen: Der Mensch der Zukunft hat die Aufgabe, das Weltall mit Intelligenz zu füllen und eventuell auch andere Intelligenzen aufzuspüren. Diese Verpflichtung zum Fortschritt wird als »transhumaner Imperativ« bezeichnet, der die Menschen und das gesamte Universum irgendwann in eine »Singularität« verwandeln wird – spätestens wenn die Technik dem Menschen haushoch überlegen ist.

So soll das Weltall zukünftig in einen großen Supercomputer und in ein großes Gehirn verwandelt werden, um der Selbstzerstörung des Universums vorzubeugen.

Nerds berufen sich dabei auf Stephen Hawkings Satz »Wir können auf lange Sicht nur überleben, wenn wir uns im Weltall ausbreiten.«

Seit Neuestem ist es zudem hipp, wie ein Nerd auszusehen: etwas schlampig, aber stark elektronisch vernetzt. Diese neue Leitfigur sehen wir überall in der westlichen Welt – in Touristenzentren, Cafés und auf öffentlichen Plätzen (sofern Netzempfang möglich ist). Heute sind zwei Milliarden Menschen online – 2020 werden es vier Milliarden sein.

Die starke Sehnsucht nach globaler Vernetzung kippt aber auch wieder zurück ins Individuelle: Die rasch expandierende »Quantified-Self-Bewegung« (»Life-Logger«) wendet ihr Augenmerk wieder dem eigenen Ich zu, indem sie intensive Selbst-Optimierung betreibt und die elektronische Kontrolle der eigenen biografischen Daten in den Mittelpunkt ihres Interesses stellt: »Meine Herzrate betrug heute 61 Schläge pro Minute, und mein Blutdruck lag bei 127 zu 74. Meine Stimmung lag bei 4 auf einer Skala bis 5. Ich habe 400 Milligramm Koffein zu mir genommen. In der Nacht bin ich zweimal aufgewacht. Und mein Narzissmuswert lag bei 0, 31«, schreibt Gary Wolf in einem Blog. – Wäre es nicht besser, auf herkömmliche Art zu sagen: »Ich war heute wahnsinnig gestresst und habe literweise Kaffee getrunken«? (Psychologie Heute, Mai 2013).
Über diese ich-bezogene Kommunikation kommen die Nerds – noch immer tief »*orange*« – damit zu kooperativer Kommunikation: im Sich-selbst-Wahrnehmen wahrgenommen werden erlangen sie individuelle Bedeutung und Sinnhaftigkeit.

Das »*Grün*«, das die Nerds bei ihrem Entwicklungssprung von »*Orange*« zu »*Gelb*« übersprungen haben, wird nun nachgeholt und die Sehnsucht nach einer einmaligen Persönlichkeit – körperlich, geistig und seelisch – wird aktiviert (ein neues Erich Fromm'sches »*Grün*« lässt grüßen). Gemäß den Erkenntnissen von Spiral Dynamics kann keine Stufe auf der Entwicklungsspirale unbeschadet übersprungen werden – nur wenn erfolgsorientiertes individuelles »*Orange*« sich in ein gemeinschaftlich-verantwortungsvolles »*Grün*« hinein entwickelt, kann es anschließend in ein gesundes integratives »*Gelb*« mit vernetztem Denken und mit hoher ethischer und sozialer Verantwortung weiter entwickelt werden.

Forschungsinstitute entwickeln derzeit neue »Brillen«, die die künstliche Intelligenz mit der Realität immer mehr vernetzen. Und es wird bereits nach Kontaktlinsen mit den gleichen Fähigkeiten geforscht. Sie können damit – laut einem Max-Planck-Wissenschaftler – (Rundfunkbeitrag auf Bayern 2 im Dezember 2012) in naher Zukunft zum Beispiel programmieren, dass Sie keine auf dem Boden sitzenden Bettler mehr sehen – stattdessen nehmen Sie lächelnde *grüne* Dinos wahr (oder was immer Sie einprogrammiert haben).

Oder Sie wollen am Marienplatz in München gerne das Glockenspiel sehen, das jedoch schon vorbei ist. Sie programmieren kurz, und dann können Sie das Glockenspiel ansehen. Alles andere bleibt hingegen unverfälscht real.

Hier eröffnen sich gewaltige Möglichkeiten:

Sie können durch Venedig schlendern und sehen all die Menschen und Gebäude real, allerdings wie im 18. Jahrhundert gekleidet – wenn Sie das möchten.

Die zunehmende Verschränkung von »Artificial Reality« und wirklicher Realität findet bereits statt. Doch wir sind seit 100 000 Jahren eine relativ überlebenstüchtige Problemlösungs-Spezies, die im Laufe ihrer kulturellen Evolution bei neuen Herausforderungen immer wieder aufs Neue schöpferische Lösungen gefunden hat. Allerdings setzt heute die zunehmende Veränderungsgeschwindigkeit voraus, dass wir schneller als bisher globalisiert moralisch und ethisch denken und handeln.

Bereits Zehntausende zukunftsoffener Menschen rund um den Globus suchen und erforschen intensiv, wie wir die angerichteten ökologischen und wirtschaftlichen Schäden in einer immer noch vom Materialismus dominierten westlichen Welt reparieren können. Auch unter der Normalbevölkerung setzt sich die Erkenntnis langsam durch, dass wir weniger verbrauchen müssen – aber es ist gar nicht so einfach, den materialistischen Geist wieder in die Flasche zurückzubekommen! Neue, »*gelbe*« Kompetenzen sind erforderlich, um mit den sich rasch verändernden Wirklichkeiten ethisch und moralisch Schritt halten zu können. Dazu benötigen wir eine gute integrale Bildung, vernetztes Nachdenken und eine hohe Selbstdisziplin. Digitale Technologie kann dann als eine Art Verstärker unseres menschlichen Wesens fungieren, die eine Fülle neuer Möglichkeiten enthält.

Dafür müssen wir allerdings lernen, dass wir nur dann unsere Beziehungen zu unseren Mitmenschen und der Welt verbessern können, wenn wir die beiden verschiedenen Daseinsformen online / offline akzeptieren und Mittel und Wege finden, beide Formen möglichst effizient in unseren Lebensstil einzubinden.

Es liegt an uns, der Natur zu beweisen, dass wir imstande sind, unser Schicksal in die Hand zu nehmen und so klug zu handeln, dass das »Experiment Zivilisation« weitergeht – nicht nur in den reichen Industriestaaten, sondern global unter Einbeziehung der gesamten Menschheit und der biosphärischen Begrenztheit unseres (noch) so wunderbaren Planeten.

Zusammenfassung

Die virtuelle Welt eröffnet uns bisher ungeahnte Kommunikationsmöglichkeiten.
Zugleich fördert sie Fluchttendenzen aus einer sinnentleerten Realität.

Doch wie wirklich ist eigentlich Wirklichkeit?
Bereits Platon warnt vor der Illusion einer Wirklichkeit, die uns projektiv täuscht und unser subjektives Wunschdenken als Schattenprojektion entlarvt.

NERDS sind die jüngste und neueste weltumspannende Gruppierung von »Digital Natives«, die die zunehmende Verschränkung von »Artificial Reality« mit der gesellschaftlich wahrgenommenen Wirklichkeit als transhumanen Imperativ verstehen.

Integrale Bildungsangebote und vernetztes Denken in Schulen und Ausbildungen sind erforderlich, um zu lernen, die beiden verschiedenen Daseinsformen online / offline effizient in ein Leben einzubinden, das »einzeln und frei wie ein Baum, aber brüderlich wie ein Wald« ist.

Oder wie Gabor Steingart sagt: »Das Ende unserer heutigen Normalität bedeutet nicht das Ende der Welt, sondern nur das Ende der Welt, wie wir sie kennen. Vor uns liegt ein weites Land.«
Dazu müssen wir Potenzialentfaltung weltweit fördern, um integrales Wachstum in Verbundenheit online und offline weiterzuentwickeln.

Im nächsten und letzten Kapitel werden die Erkenntnisse und Thesen dieses Buches nochmals als Ganzes zusammengefasst und mit Zukunftsoptionen verbunden.

Ein Zitat vorweg:

»Du selbst musst der Wandel sein, den du in der Welt sehen willst.« (Mahatma Gandhi)

Diese damals visionären Worte klingen heute – realer – so: »Wer nur sich selbst verändert, ist ein Träumer, wer nur das Außen verändert und nicht sich selbst, ist ein Heuchler.« (Aktivist aus Berlin-Kreuzberg)

Auch integrale Spiritualität heißt damit nichts weniger als »... die Fähigkeit, mit unseren innersten Quellen so in Kontakt zu sein, dass wir gestärkt in der Welt agieren können«.

(Ondana Shiva, die sich in Indien für die Rechte der indigenen Urbevölkerung und für eine gerechte Verteilung des Saatgutes einsetzt)

Kapitel 9:
Vor uns die Zukunft – vom vernetzten Denken zu integralem Bewusstsein

In diesem letzten Kapitel werden die wichtigsten Aussagen dieses Buches nochmals kurz zusammengefasst. Anschließend formuliere ich konkrete zukunftsoffene Kompetenzen, welche die unterschiedlichen Perspektiven einer subjektiven, kulturellen und wissenschaftlichen Wirklichkeitssicht berücksichtigen und in ihrer gegenseitigen Bedingtheit integral würdigen.

9.1 Kurze Zusammenfassung der Kapitel 1 bis 8

Die wahrnehmungspräzisierenden Schritte der Focusing-Methode (Kapitel 1 und 5) haben Ihnen aufgezeigt, wie in schöpferischem Erkunden die tieferen, ganzheitlichen Themen unserer vernetzten Wirklichkeit individuell genauer erfasst werden können.

Die in Kapitel 2 vorgestellten Entwicklungsdynamiken (Spiral Dynamics) ermöglichen ein genaueres Verständnis der menschlichen Natur als sich entfaltenden Prozess, der ältere Verhaltensmuster einfacher Ordnung in neue Systeme höherer Ordnung einbindet und integriert. Die derzeit stark anwachsende integrative (»*gelbe*«) Stufe befähigt immer mehr Menschen, horizontal *und* vertikal zu denken und sich flexibel – je nach Situation – auf allen Bewusstseinsebenen kompetent zu verhalten. Funktionalität, Flexibilität und Akzeptanz nehmen zu und unterschiedliche individuelle und kulturelle Werte werden als koexistierende Wirklichkeiten im globalen Dorf zunehmend berücksichtigt. Modernste Kommunikationstechniken vernetzen die unterschiedlichen Wirklichkeitsbereiche immer stärker. Systemisches und biosphärisches Denken transzendiert (und integriert) in wachsendem Maße das derzeit immer noch vorherrschende wissenschaftlich-materialistische Fortschrittsdenken.

Das kommunikationspsychologische Modell des Werte-Rechtecks (Kapitel 6) ermöglicht ein genaueres Verstehen der Widersprüchlichkeiten und Polaritäten unserer derzeitigen Wirklichkeit. Unter entwicklungsdynamischer Perspektive werden die Polaritäten immer mehr in ein vernetztes Ganzes eingebunden, um auf hohem Niveau schließlich in ein authentisches Selbst »schattenlos« integriert zu werden.

Selbst im Transformationsprozess des Sterbens wird das Loslassen von unseren personzentrierten Ich-Funktionen leichter, wenn wir uns mit dem Aufhellen und Transzendieren unserer Schatten-Polaritäten bereits zu Lebzeiten auseinandergesetzt haben.

Wir sollten auch unsere kulturell bedingten »Schatten«-Bereiche bewusster wahrnehmen – und erkennen, dass kulturell vorgegebene Sinndeutungen unsere Wirklichkeitssicht in erheblichem Maße beeinflussen (Kapitel 7). Denn die Subjektivität menschlicher Wahrnehmung hängt immer auch davon ab, wo, wie stark und durch wen Wirklichkeitsrahmen definiert und ideologisch in ein bestimmtes Wertesystem eingebunden werden.

9.2 Integrale zukünftige Kompetenzen

Welche Kompetenzen benötigen wir für eine integrale zukünftige Gesellschaft?

Betrachten wir wieder die gegenseitige Verbundenheit von innerlich-individueller Wahrnehmung – *Ich* –, kulturellem Beziehungskontext (»frame«) – *Wir* – und der äußerlich – wissenschaftlichen Perspektive – *Es*.

ICH: Psychologische, spirituelle, introspektive Kompetenzen

Psychologisch gesehen ist es von großer Bedeutung, sich ganz in der Gegenwart, dem Jetzt zu erleben. Schon Augustinus betonte die Wichtigkeit des Zusammenklangs von Vergangenheit, Gegenwart und Zukunft: Wir sollten die Vergangenheit akzeptierend annehmen (confessio laudis), der Zukunft mit Vertrauen begegnen (confessio fidei) – und wenn sich Vergangenes und Zukünftiges in der Gegenwart versöhnt die Hand reichen, dann können wir unser Leben bewusst und lebendig gestalten (confessio vitae).

Dies entspricht ziemlich genau der Vorstellung einer echten, kongruenten Persönlichkeit, wie sie die humanistische Psychologie beschreibt. Nur wenn wir uns mit der Vergangenheit aussöhnen, wenn wir zudem mit einem gedämpft optimistischen Vertrauen in die Zukunft blicken (einen unendlich offenen Möglichkeitsraum), dann können wir uns in der Gegenwart so verhalten, dass wir unserer nachhaltigen Verantwortung für alles Lebendige bewusst werden. Und Kahil Gilbrans Satz wird Wirklichkeit:

»Wir haben die Welt nicht von unseren Vorfahren geerbt, sondern nur von unseren Kindern geliehen.«

Eine solche selbst-bewusste und kongruente Persönlichkeit wird sich flexibel und dynamisch in einer Welt aus miteinander verknüpften Ursachen und Folgen bewegen und über ein weiter gespanntes Denken und ein größeres Repertoire an Verhaltensmöglichkeiten verfügen. Eigene regionale und nationale Interessen sind dann in ein größeres Ganzes eingebunden und in die gesamte Biosphäre verwoben. Durch lebenslanges Lernen wird es in einer »*grün-gelben*« Wirklichkeit zu einer Neubewertung von Erwartungen und Empfindungen kommen, die von vielen Menschen heute noch großenteils als »Verfall« und Auseinanderfallen der (nationalen) Gesellschaft und mit Heimweh nach den »guten alten« Zeiten des 20. Jahrhunderts betrauert werden.

Wie Gabor Steingart treffend bemerkt, bedeutet das Ende unserer heutigen Normalität nicht das Ende der Welt, sondern nur das Ende einer westlich-kapitalistischen und individualisierten Sichtweise, wie wir sie bisher kannten.

Mit dem Ende der Normalität betreten wir eine Welt veränderter Wahrscheinlichkeiten, in der »das lineare Leben früherer Zeiten mit einem Feuerwerk von Komplexität endet«.

Die wichtigste persönliche Ressource wird Zuversicht sein – also »Vertrauen in eine Zukunft, in der zwar vieles anders, aber nicht alles schlechter ist«.

Unser Bewusstsein befindet sich – wie das Leben – in einem beständigen Wandel. Und es wird zunehmend komplexer. Der Philosoph Ken Wilber spricht heute von der »Halbzeit der Evolution« – wir haben also noch »viel Luft nach oben«!

Und doch bleiben die Grundthemen des Lebens – Sinnhaftigkeit, Anerkennen der Endlichkeit, Suche nach einem glücklichen Leben – unabhängig vom soziokulturellen Kontext für jeden Menschen stets dieselben. Glücklich sind Menschen immer dann, wenn sie Gelegenheit bekommen, ihre beiden Grundbedürfnisse nach Verbundenheit und Nähe einerseits und nach Wachstum, Autonomie und Freiheit andererseits stillen zu können.

Hier ein paar poetische Zeilen über die hohe Wahrnehmungsfähigkeit eines glücklichen, tief in sich ruhenden Menschen:

> Wer Schmetterlinge lachen hört, der weiß, wie Wolken schmecken.
> Der wird im Mondschein ungestört von Furcht die Nacht entdecken.
>
> Er wird zur Pflanze, wenn er will, zum Tier, zum Narr, zum Weisen.
> Und kann in einer einz'gen Stund' durchs ganze Weltall reisen.
>
> Er weiß, dass er nichts weiß, wie alle andren auch nichts wissen.
> Doch weiß er, was die anderen und er noch lernen müssen.
>
> Wer Schmetterlinge lachen hört, der weiß, wie Wolken schmecken.
> Der wird im Mondschein ungestört von Furcht die Nacht entdecken.
>
> Wer so mit sich in Frieden lebt, der wird genauso sterben.
> Und ist selbst dann lebendiger als manche seiner Erben.
>
> Textpassagen aus einem Song der Musikgruppe Novalis

Ein wirklich kongruenter Mensch wird zudem auch humorvoll sein. Denn mit zunehmender Akzeptanz und Empathie weitet sich auch das Spektrum dessen, was wir noch tolerieren und liebevoll belächeln können. Wolf Schneider (»Auf der Suche nach dem Wesentlichen«) schreibt, wir sollten auch »... lachen können über Heiliges, über Beängstigendes, ... vor allem über uns selbst – wer das kann, ist frei von engen Ideologien und Selbstkonzepten«.

Ein weiser Mensch wird an seinem entspannten Lachen zu erkennen sein, mit dem er »den kosmischen Witz unserer Existenz« durchschaut. Denn das Leben selbst testet uns immer wieder, ob wir genügend Humor haben, uns als oft komische Figur in dieser »göttlichen Komödie« zu sehen. Wer sich so sehen kann als »Narr« (Europa) oder tanzenden Shiva (Indien), ist auch in vielen anderen Dingen gelassener und freier.

Der Hofnarr des Mittelalters und der absolutistischen Höfe verkörperte – wie auch der Narr aus dem Tarot und der europäischen Esoterik – den Niemand, den Weisen, der als Einziger alle Wahrheiten – auch die unbequemen – aussprechen durfte. Auch heute noch kann er als Joker im Kartenspiel jeden Platz einnehmen und ist damit die stärkste Karte im Spiel.

Hier noch eine spirituell-ironische Anekdote:

Der Engländer Reshad Feild – der später in London das erste westliche Sufi-Zentrum gründete – folgte in jungen Jahren dem geheimnisvollen Türken Hamid in das Hochland von Anatolien, um sich dort in das geheime Wissen der Derwische einführen zu lassen (R. Feild: »Ich ging den Weg des Derwisch«).

Eines Tages begegnete Reshad seinem Meister in einem Café, vor sich eine Flasche Raki auf dem Tisch. Reshad entsetzt: »Meister, Ihr trinkt Alkohol – am helllichten Vormittag!«

Der Sufimeister hielt ihm die noch viertelvolle Flasche hin, mit der Aufforderung: »Trink! Trink sie in einem Zug aus!«

Reshad tat verstört, was ihm geheißen wurde, ging dann angetrunken in sein Hotel, voller Zweifel an sich, an seinem Meister und am ganzen Sufismus. Als er am Abend Hamid wieder traf, wollte er wissen, warum – um Himmels Willen – er den Raki austrinken musste. Hamid entgegnete lächelnd:

»Sag mal – tust du eigentlich alles, was man dir sagt??«

Der Hirnforscher Gerald Hüther betont, dass eine Weiterentwicklung unserer komplexen Gesellschaft in Zukunft nicht mehr ausschließlich von »oben« – also von den gewählten Repräsentanten – stattfindet, sondern von »unten« – also von Einzelnen ausgehen wird:

»Wenn wir eine bessere Welt haben wollen, muss jeder Einzelne, der das möchte, für sich anfangen, erst mal für sich selbst einen Zustand zu erzeugen, den man vielleicht Friede nennt oder Liebe. Das wäre die Voraussetzung dafür, dass man anfangen kann, auch andere Menschen zu mögen. Dann könnte man anfangen, andere einzuladen, gemeinsam Erfahrungsräume aufzubauen, in denen tatsächlich Potenzialentfaltung möglich wird.«

Und in dieser neuen Form von authentischer Beziehung wird es möglich sein, gemeinsam über sich selbst hinauszuwachsen. Denn je vielfältiger der Spiegel im anderen ist, desto komplexer wird das Bild, das jeder Einzelne von sich selbst hat.

Durch Überwinden der eigenen persönlichen Begrenzungen, die uns Kultur, Zivilisation, Religion und unsere historischen und traumatischen biografischen Erfahrungen zugefügt haben, können wir zu dem werden, was wir eigentlich wirklich sind: zu einem einmaligen, gemeinschafts- und zukunftsoffenen integralen Menschen.

WIR: Kulturelle, ethische und wertschätzende Kompetenzen

Egon Friedell schreibt in seiner »Kulturgeschichte der Neuzeit«: »Eine neue Ära beginnt nicht, wenn ein großer Krieg beginnt oder beendet wird oder eine starke Veränderung sich durchsetzt, sondern in dem Moment, wo eine neue Variante der Spezies Mensch auf den Plan tritt.«

Diese neue (integrale) Variante der Spezies Mensch entsteht derzeit in über zehn Millionen NGOs weltweit (Non-Government Organizations – Nicht-Regierungs-Organisationen).

Dies ist die größte Bewegung, welche die Menschheit je erfahren hat.

In den Vierzigerjahren des 20. Jahrhunderts gab es weltweit erst 800 NGOs!

Gruppenprozesse nehmen also weltweit kollektive Formen an. Auf integraler Entwicklungsstufe (*gelb-türkis*) entwickelt sich die Fähigkeit, alle Stufen »anzusteuern« und bewusst zu begreifen, dass auch wir all diese Stufen durchlaufen haben.

In Schulen können wir die neuen kulturellen Entfaltungsräume ausprobieren – mit platonischer Rückendeckung! Denn Platon war ein früher Verfechter der Potenzial-Entfaltung. Er betonte, dass wir Schule als Er-Lebensraum gestalten müssten, damit Potenziale sich entfalten könnten.

Diesem »Hebammen-Prinzip« setzten die Sophisten das »Trichter-Prinzip« entgegen, indem sie Kinder als »knetbare Masse« betrachteten, als »Tabula rasa« (unbeschriebenes Blatt), das erst kulturell beschrieben werden müsste. Und leider haben wir dieses Prinzip bis ins späte 20. Jahrhundert ziemlich unüberprüft angewendet.

Heute noch sprechen manche Schüler respektlos von »Bulimie-Pädagogik«: Vor einer Prüfung stopft man sich mit den geforderten Wissensdaten voll, um sie dann in der Prüfung »auszukotzen«. Danach ist alles vergessen.

In einer neuen integralen Lernkultur müssten wir ohne Angst- und Leistungsdruck lernen dürfen. In diesem Potenzial-Entfaltungsbereich können wir viel von anderen Kulturen lernen.

Nach Gerald Hüther müssten wir »Erfolg« durch »Gelingen« ersetzen – ein Wort, das erstaunlicherweise im angelsächsischen Sprachraum nicht existiert.

> Damit Ihnen ein Kuchen gut gelingt, müssen Sie zwar erfolgreich (successfully) das Backrezept befolgen, aber Ihr inneres Bild von diesem Kuchen und der Kuchen in seinem »Werden« sind »verschränkt« – Ihr Kuchen wird nicht nur successfully zubereitet – er ist Ihnen mit Ihrer Motivation, Ihrem Zeitaufwand und Ihrer Begeisterung in der Tat wirklich gut »gelungen« (oder auch nicht!).

Nach Hüther setzt »Erfolg« in unserer westlichen Gesellschaft immer schon eine gewisse reduktionistische Beschränktheit voraus: Denn um sehr »erfolgreich« zu sein, muss man viele Folgen und Vernetzungen des eigenen Tuns ausblenden (dies lässt sich – so Hüther – auch durch mangelnde Vernetzung im Gehirn nachweisen).

Das Land Brandenburg unterstützt seit 2012 die von Gerald Hüther und seiner »Sinn-Stiftung« ins Leben gerufene integrale Pädagogik auch finanziell. In über sechzig (!) Schulen werden Schüler nun nicht mehr als zu trainierende »Potenzial-Entfalter« leistungsmäßig gedrillt – sie werden als »Gestalter« gesehen, denen günstige Erfahrungen ermöglicht werden sollen. Und Lehrer müssen begeisterte »Funken-Versprüher« sein, die glaubwürdig und kongruent emotionale und kognitive Erfahrungen netzwerkartig zu koppeln in der Lage sind.

Um wirklich neue Erfahrungen machen zu können, brauchen wir eine »Einladungs- und Begeisterungskultur« (Hüther). Das wusste bereits der »Kleine Prinz« bei Antoine de Saint-Exupéry: »man sieht nur mit dem Herzen gut«.

Und schon gibt es »... Schüler, die traurig sind, wenn die Ferien kommen und sie statt in ihre geliebte Schule nun mit den Eltern nach Italien fahren müssen ...« (Hüther 2012 auf einem Vortrag im Gemeinschaftszentrum »Tempelhof«).

Eltern sollten folglich ihre kleinen Kinder nicht von Frühförderung zu Frühförderung schicken, sondern diese sich selbst begeisternd mit ihrer eigenen wunderbaren und aufregenden Welt beschäftigen lassen.

Ansonsten kriegen diese Kinder zwar gute Abiturnoten und Studienabschlüsse, denen allerdings spätestens nach zehn Berufsjahren ein Burnout folgt. Denn sie haben keine wirklich emotionale Selbstwirksamkeit und Begeisterung, keine liebevolle echte Kommunikation und keinen wirklichen, aus sich selbst kreativ entstehenden »gelingenden« Lebenssinn erfahren.

ES: Wissenschaftliche, empirisch überprüfbare Kompetenzen

Private Zivilgesellschaften (NGOs) schaffen heute Veränderungen, die keine Staatsgewalt je vollbringen kann. Die weltweit größte Bewegung der Menschheit (10 Millionen Initiativen) verändert veraltete Strukturen und stürzt Diktaturen.

Überall auf der Welt geschieht ein Bewusstseinswandel. Zivilgesellschaften schaffen neue Gemeinschaftsforen, erproben alternative Währungssysteme, kritisieren eine Atom-Lobby, den Raubtier-Kapitalismus von Multi-Konzernen (Saatgut-Monopole, Wasser-Privatisierung, Umwelt- und Bausünden).

Wir sind derzeit gleichzeitig Sterbebegleiter des Alten (»*blau – orange*«) und Geburtshelfer von etwas Neuem (»*grün – gelb – türkis*«). Dieser innere Wandel führt zu einer Vision und zu Ideen einer anderen, besseren Welt.

Der Soziologe Stuart Hall spricht heute von einem »einheimischen Weltbürgertum«. Dieses »von unten entstehende Weltbürgertum« ist entstanden, weil die Menschen unterschiedlicher Kulturen täglich miteinander zu tun haben – in der Schule, am Arbeitsplatz, beim Spielen.

Damit bieten sich mehr Gelegenheiten, kulturelle, grenzüberschreitende emotionale Gemeinsamkeiten zu entdecken. Durch preiswerte Flüge, billige Telefonverbindungen, das Internet und weltweites Fernsehen werden wir transnational und global immer mobiler. Dies bringt eine empathische Ich-Erweiterung von unten hervor. Wer diverse Kulturen in sich aufgenommen hat, wird toleranter und aufgeschlossener für die Vielfalt um sich herum. Eine multikulturelle Identität erschließt mehr persönliche Erfahrungen und Gefühle, auf die man zurückgreifen kann, wenn man anderen Menschen gegenüber Empathie ausdrücken will.

Nach Jeremy Rifkin (»Die empathische Zivilisation«) müssen wir folgende Bedingungen für eine zukunftsfähige globale Gesellschaft schaffen:

> »Wir brauchen ein von Grund auf anderes Energieregime und eine ökonomische Revolution.
> Wir brauchen Energie, die vor unserer Haustür zu finden, die leicht zugänglich und die mit den Zyklen der Biosphäre erneuerbar ist. Sie würde zumindest die Chance bieten, dass jeder Mensch auf Erden ein annehmliches Leben führen könnte, ohne die Biosphäre zu gefährden, von der alles Leben auf Erden abhängt. Eine neue Ära eines dezentralisierten Kapitalismus können es uns ermöglichen, einen neuen Weg der Globalisierung zu beschreiten: von unten nach oben, weitgehend emissionsfrei, gestützt auf regenerative und regional gewonnene Energien, aber weltweit vernetzt. Dieser Weg muss noch weiter erkämpft werden, denn die Entropie, die unsere Spezies verursacht hat, hat nun die ganze Erde erfasst und bedroht unsere Existenz.«

Mit Schuldzuweisungen, dem herkömmlichen Denken, Machtdemonstrationen und den taktischen Manövern der offiziellen Regierungspolitik können wir das nicht erreichen.

Dies gelingt nur, wenn wir ein universalisiert empathisches, biosphärisches Bewusstsein in immer stärkerem Maße fördern und entwickeln.

Über zehn Millionen NGOs sowie eine stark wachsende Zahl weltweit zivil-couragierter Menschen erhöhen die Chancen, dass diese überlebenswichtige Aufgabe auf diesem unseren wunderbaren Planeten gelingen kann.

9.3 Poetisch-bildhaft – integraler Abschluss

ES: Naturwissenschaft, Empirie – das Wahre

Der alternative Nobelpreisträger Michael Succow schildert aus biologischer Perspektive folgende spannende Tatsache:

> In einem Raupenkörper entstehen – kurz vor der Verpuppung – »Imago-Zellen«, also Vorstellungszellen von etwas Neuem. Diese »Schmetterlings-Zellen« sind zu Beginn noch »Inseln der Zukunft« im Körper der Raupe.

Für das Immunsystem der Raupe sind sie fremd und werden daher bekämpft und getötet. Doch immer mehr neue Zellen entstehen und clustern sich – verbinden sich zu Gruppen. Und sie leisten dem Immunsystem der Raupe immer mehr Widerstand. Sind genügend Cluster entstanden, infizieren diese schließlich sogar die Immunzellen der Raupe. Dann kommt es zu einem Identitäts-Shift und innerhalb von zehn Tagen entsteht in einem Transformationsprozess ein neuer Schmetterling.

Das Ende der Raupe bedeutet also nicht das Ende der Welt, sondern den Anfang des Schmetterlings!

Nach Geseko von Lübke sind wir heute in einer Phase extrem wachsender Vernetzung von Imago-Zellen – und nicht mehr weit entfernt von einem Identitäts-Shift, der darauf abzielt, sich in einem immer ineffektiver werdenden alten System neu zu finden, zu clustern und gemeinsam zu etwas Neuem über sich hinaus zu wachsen.

Heute entstehen weltweit »kooperative Felder« durch globale Zivilgesellschaften. Laut New York Times wird in den Bürgerbewegungen des beginnenden 21. Jahrhunderts eine dritte Weltmacht deutlich sichtbar.

Bischof Desmond Tutu (südafrikanischer Friedensnobelpreisträger) hat bekannt gegeben, dass von 1989 bis 2006 zweiundsechzig Diktaturen von der Zivilgesellschaft gestürzt worden sind. Und Geseko von Lübke ergänzt: bis 2013 sind es mittlerweise dreiundachtzig – »das hätte kein KGB oder CIA geschafft!«

WIR: Ethik, Wertschätzung, interkulturelle Akzeptanz – das Gute

Empathie und Mitgefühl sind tiefste menschliche Fähigkeiten. Wirkliche Liebe entsteht, wo ein Mensch sich im anderen sieht und aus diesem akzeptierenden Bewusstsein heraus handelt – egal, auf welcher soziokulturellen Stufe der Gesellschaft. Diese wertschätzende ethische Haltung gilt in allen Kulturen als »kategorischer Imperativ«.

Auf einer *»gelb-türkisen«* integralen Entwicklungsstufe ist diese Toleranz unabdingbare Voraussetzung für ein künftiges einheimisches Weltbürgertum.

Ibn Arabi, ein mystischer Dichter des Islam, hat dies bereits im 12. Jahrhundert in folgende zeitlos gültigen Verse gefasst:

Mein Herz ist offen für jede Form,
es ist eine Weide für Gazellen,
ein Kloster für christliche Mönche,
ein Götzentempel,
die Tafeln der Thora
und das Buch des Koran.

Ich übe mich in der Religion der Liebe,
in welcher Richtung auch immer die Karawane zieht,
die Religion der Liebe wird mein Glaube sein.

Ibn Arabi (1165–1240, mystischer Dichter des Islam)

ICH: Selbstbewusst, introspektiv, psychologisch, spirituell – das Schöne

Die Selbstwahrnehmung des Menschen und sein Streben nach Autonomie werden letztendlich immer wieder zugunsten der »Conditio Humana« – des intellektuell nie ganz fassbaren Mysteriums unserer Existenz – in Demut und Bescheidenheit und in einem ehrfürchtigen Staunen vor der Schöpfung des gesamten Universums münden.

Hierzu die wunderbaren Zeilen von Rainer Maria Rilke:

Ich lebe mein Leben in wachsenden Ringen,
die sich über die Dinge ziehn.
Ich werde den letzten vielleicht nicht vollbringen,
aber versuchen will ich ihn.

Ich kreise um Gott, um den uralten Turm,
und ich kreise jahrtausendelang,
und ich weiß noch nicht: bin ich ein Falke,
ein Sturm oder ein großer Gesang.

Rainer Maria Rilke

Literaturhinweise

Almaas, A. H.: Das wirkliche Leben beginnt jetzt – Der diamantene Weg des Herzens, Arbor (2005)
Bauer, G.: Beten kann jeder – Schritte zum Gespräch mit Gott, Neue Stadt (2010)
Beck, D.: Spiral Dynamics – Leadership, Werte und Wandel, Kamphausen (2007)
Buber, M.: Das Problem des Menschen, Lambert Schneider (1982)
Ceming, K.: Spiritualität im 21. Jahrhundert, Phänomen (2012)
Cornell, A. W.: Focusing – Der Stimme des Körpers folgen, Rowohlt (1997)
Dalai Lama: Das Buch der Menschlichkeit: Eine neue Ethik für unsere Zeit, Bastei Lübbe (2012)
Dalai Lama: Rückkehr zur Menschlichkeit: Neue Werte in einer globalisierten Welt, Bastei Lübbe (2011)
Dürr, H. P.: Für eine zivile Gesellschaft – Beiträge zu unserer Zukunftsfähigkeit, dtv (2002)
Dürr, H. P. u. Panikkar, R.: Liebe – Urquelle des Kosmos, Aira (2013)
Eggebrecht, R.: Besser Umgehen mit Persönlichkeitstypen – Therapeutischer Knigge und Kompendium für Menschen in helfenden Berufen, Books on Demand (2005)
Ferrucci, P.: Werde was du bist. Selbstverwirklichung durch Psychosynthese, Rowohlt (1999)
Feuerstein, H. J. u. Müller, D. (Hrsg.): Focusing im Prozess, GwG (2000)
Gendlin, E. T.: Focusing. Selbsthilfe bei der Lösung persönlicher Probleme, Otto Müller (1981)
Gilbert, P.: Wie wir Mitgefühl nutzen können, um Glück und Selbstakzeptanz zu entwickeln und es uns wohl sein zu lassen, Arbor (2011)
Görnitz, T. u. B.: Der kreative Kosmos – Geist und Materie aus Information, Spektrum (2002)
Hüther, G.: Was wir sind und was wir sein könnten – Ein neurobiologischer Mutmacher, Fischer (2012)
Küstenmacher, M. u. W.: Gott 9.0, Random House (2010)
Loomans, P.: Meditation und transpersonale Psychologie, Via Nova (1999)
McIntosh, S.: Integrales Bewusstsein und die Zukunft der Evolution, Phänomen (2009)
Murphy, M.: Der Quantenmensch – Ein Blick in die Entfaltung des menschlichen Potentials im 21. Jahrhundert, Integral (2002)
Macy, J.: Die Reise ins lebendige Leben – Strategien zum Aufbau einer zukunftsfähigen Welt, Junfermann (2003)
Lincoln, P.: Wie der Glaube zum Körper findet – Focusing als spiritueller Übungsweg, Aussaat (2007)
Panikkar, R.: Einführung in die Weisheit, Herder (2002)
Riffkin, J.: Die empathische Zivilisation, Campus (2009)
Satir, V. u. Baldwin; M.: Familientherapie in Aktion, Junfermann (1993)
Schneider, W.: Auf der Suche nach dem Wesentlichen: Worauf es in Religion, Spiritualität und Selbstfindung ankommt, Connection (2003)
Schulz von Thun, F.: Miteinander Reden (Bd. 1–3), Rowohlt (1998)
Sloterdijk, P.: Du musst dein Leben ändern, Suhrkamp (2009)
Sölle, D.: Mystik und Widerstand, Hoffmann & Campe (1999)
Steingart, G.: Das Ende der Normalität – Nachruf auf unser Leben, wie es bisher war, Piper (2011)
Thomann, C. u. Schulz von Thun, F.: Klärungshilfe, Rowohlt (1994)

Tweedie, I.: Der Weg durchs Feuer – Tagebuch einer spirituellen Schulung durch einen Sufi-Meister, Ansata (1986)
Weber, Andreas v.: Alles fühlt – Mensch, Natur und die Revolution der Lebenswissenschaften, BvT – Berliner Taschenbuch Verlag (2008)
Weinreich, W. M.: Integrale Psychologie – ein umfassendes Therapiemodell auf der Grundlage der Integralen Philosophie nach Ken Wilber, Araki (2005)
Weinreich, W. M.: Das andere Totenbuch – eine praktische Anleitung zur Sterbebegleitung, Books on Demand (2009)
Welwood, J.: Psychotherapie & Buddhismus – Der Weg persönlicher und spiritueller Transformation, Arbor (2010)
Wilber, K. (Hrsg: Edith Zundel): Vom Tier zu den Göttern, Herder (1997)
Wilber, K.: Eine kurze Geschichte des Kosmos, Fischer (2002)
Wilber, K.: Intergrale Spiritualität, Kösel (2007)
Wilber, K.: Integrale Vision – eine kurze Geschichte der integralen Spiritualität, Kösel (2007)
Yalom, I.: In die Sonne schauen – Wie man die Angst vor dem Tod überwindet, btb (2008)

Webseiten-Empfehlungen

Focusing: www.focusing-igf.de (München, Berlin, Frankfurt. Zentrale: Oberhausen / OBB.)
Weitere Focusing-Institute: www.focusing.de (Karlsruhe), www.daf-focusing.de (Würzburg), www.focusing.org (New York), www.nadalou.com (Canada)

Integrale Seminare, Spiral Dynamics / Ken Wilber / Integrale Philosophie:

www.integrales-focusing.com, www.integralakademie.com, www.integralesforum.org, www.integralesleben.org,
www.CulturalEvolution.org, www.ifschweiz.ch, www.villaunspunnen.de
Integrale Gemeinschaft: www.schloss-tempelhof.de

Kommunikationsmodelle (Werterechteck): www.schulz-von-thun.de
Psychosynthese (Teilpersönlichkeiten): www.psychosynthese.de
Hirnforschung: www.gerald-huether.de
Evolutionäre Systemtheorie: www.ervinlaszlo.com